철학과 삶

- 문학속의 이야기 -

철학과 삶

- 문학속의 이야기 -

김 향 선

철학에 대한 견해들은 다양하다. 일반적으로 철학은 삶의 원리로 정의되고 있지만, 철학은 생활 속의 철학인가? 혹은 전적으로 생활자체만이 철학의 영역으로 점령될 수 있는가? 등등의 문제가 제기되고 있다. 그래서 '삶 속의 철학'이니 '과학을 다루지 않는 철학은 진정한 철학이 아니다'라는 논란이 일기도 한다. 이러한 여파로 근래에는 '철학과 현실은 만날 수 있는가?'라는 질문이 많이 일어나고 있다.

철학에 대한 이러한 문제들을 떠나서 현대사회의 추세는 청소년들의 확고한 자아정립이 요청되고, 일반 사회인들의 각종 '생각하는 모임'들도 많이 생겨나고 있는 상황이다. 이렇게 여러 사고하는 그룹들을 결성하는 것은 세태변화를 더욱 민감하게 받아들이게 할 뿐만 아니라, 이 시대를 함께 살아가는 이들의 사고의 폭을 넓히는 만남을 통한 성숙한 사회로의 진전을 의미하는 것이다. 이 책은 이와 같은 현상들에 바탕을 두어 그 사고의 몇몇 주제들을 제시하는 데 의미를 두고자 한다.

사상을 현실에 적용시키는 순간부터 그 사상은 자체의 본질적인 의미를 더 이상 지속하지 못한다고도 한다.

그러나 이 책의 단원들은 작품을 통해 좀 더 쉽게 현실적 문제의 접근을 시도하고 있음을 밝힌다. 무엇보다도 독자라면 누구나 쉽게 철학적 주제를 이해할 수 있게 하는데 이 책의 목적이 있고, 그 동안 필자가 강의했던 내용들을 정리하는 데 주력하였다.

그리고 각 단원의 끝에는 생각할 문제를 적어놓아 앞 글들의 연장선 상(上)에서 사고하는 것을 고려하였다. 또한 이 책은 『작품을 통해 본 철학이야기』(1994)를 개정·증보한 것임을 밝힌다.

■ 차례

제 I 부   철학의 첫걸음

1. 문학과 철학의 만남

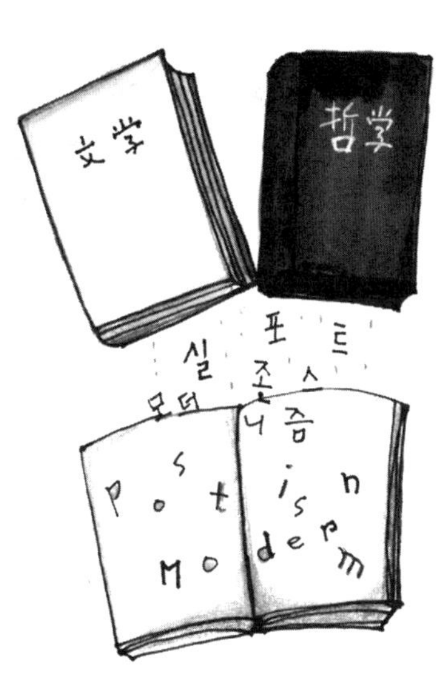

문학과 철학의 전통적인 구별에 있어서, 문학의 언어
는 서술적이고 철학의 언어는 분석적이라고 말한다.

이러한 구별에도 불구하고 현대의 경향은 문학과 철학과의 구별을 부정하기도 한다. 이러한 사례는 뒤에 자세히 다루겠지만, 현대의 포스트모더니스트인 데리다를 대표적인 예로 들 수 있다. 탈쟝르화를 통해 개념적 구별이 단호히 부정되고 있는 것이다. 즉 우연성을 강조하는 포스트모더니즘에서는 언어가 실체를 지칭할 수 없으므로 당연히 시어가 비유적이듯 철학 언어도 비유적이므로 문학과 철학의 경계가 무너진다고 본다. 이렇게 포스트모더니즘의 무차별화는 형식, 조직, 구조를 구별하지 않는다.

또한 이러한 시대적 현상 외에 문학과 철학의 자연스런 만남이 1940년대라는 시점에서 실존주의로서 이루어지게 되었다. 어떤 문학도 그 자체가 철학일 수 없으나 문학과 철학은 다 같이 이성의 초월적 능력을 거부하고 세계를 그의 다양성 가운데 환원시켰다. 그리고 이때, 인간의 한계, 세계의 부조리와 마주친 문학가들과 철학가들이 모두 실존적 문제들을 추구하기에 이르렀다.

이것을 가장 잘 설명한 실존주의자 까뮈에 의하면, 문학은 표현하는 것이 거의 불가능하게 된 어떤 철학의 종착지이며 완성이라는 것이다. 어려운 철학은 문학작품을 통해 쉽게 현실화될 수 있다. 그래서 까뮈는 "위대한 소설가는 철학적인 소설가이다"[1]라고 하였다.

철학은 구체적 경험을 통해 현실로, 문학은 적나라한 삶을 통해 고뇌하는 지성으로 변하여 간 것이다. 이렇듯 실존주의는 문학과 철학의 자연스런 만남이다.

이러한 상황 속에서 문학과 철학은 구별될 수 있다고 보는가 아니면 구별될 수 없다고 보는가가 최근의 한 논쟁점이기도 하지만, 이 책은 작품들을 통해 철학적 사색을 유도하고자 한다.

---

1) 정명환 외, 『20세기 이데올로기와 문학사상』, 서울대 출판부, 1979, p.20.

◈ 생각할 문제 ◈

☞ 실존주의의 유일한 윤리적 권고는 '괴로운 의식을 가지고 살라'는 것이라고 말할 수도 있다고 한다. 이 점은 문학적 소재가 될 수 있는가?

☞ 실존 철학자 야스퍼스는 '어중간한 철학은 현실을 저버리지만, 완전한 철학은 현실로 인도된다'라고 하였는데 이 점을 생각해 보자.

☞ 철학자 리처드 로티 교수(버지니아대)는 철학에 사회와 역사 그리고 문학과 예술까지 포함시킬 것을 주장한다. 이 점을 논의해 보자.

☞ 프랑스의 저명한 소설가인 필립 솔레르스는 현 지식인 사회를 비판하였다. 마틴 하이데거, 사르트르, 질 들뢰즈 등의 철학자들이 시인 횔더린에 대해, 그리고 장 주네와 카프카에 대해 글을 썼는데 비해, 현 사회는 문학과 철학이 상호 교류와 비판을 꺼려 철학도 문학도 이제 자기 분야에만 안주함을 비판하였다. '문학에 침묵하는 철학, 철학적 깊이 없는 문학'2)을 꼬집었다. 이것은 각 나라들마다 유사한 상황이고 한국도 비슷한 상황이라고 한다. 우리는 1940년대의 철학과 예술·문학의 경계가 허물어져 있어 역동하는 세계 인문주의 역사의 맥박을 느낄 수 있었던 때를 다시 건립할 수 있을까?

____

2) 조선일보, 2000. 2. 15.

2. 철학을 시작하면서

미국의 철학자인 모티머 아들러는 "철학은 누구나의 일이다"라고 하였으며, 서양 학문의 아버지라 할 수 있는 고대 그리스의 아리스토텔레스는 "사람이라면 철학을 해야 한다"고 단언하였다. 그렇다면 우리는 누구나가 평생을 철학을 하면서 살아가야 한다. 그 방법은 여러 가지가 있을 것이다. 철학은 우리 인간이 살아가는 어떤 것이기도 하기 때문에 단순히 학습할 수 있는 것도 아니다. 그래서 칸트는 철학 그 자체는 가르칠 수 없고, 자신은 '철학하는 것'을 가르칠 수 있을 뿐이라고 하였던 것인지도 모른다.

철학이란 무엇인가? 흔히 말하여지는 좁은 의미의 어원적 정의가 있다. 철학, philosophy(영)은 그리스어의 *philosophia*에서 유래하였다. *philosophia*라는 말은 *sophia*에 대한 *philia*라는 뜻이다. *sophia*는 지식과 지혜를 의미하며 *philia*는 욕망, 탐구, 사랑을 의미한다.[3] 그러므로 일반적으로 철학은 지혜에 대한 사랑이라고 일컬어진다.

철학을 이렇게 애지(愛知)라고 할 때 사랑은 플라톤의 대화편 『향연』에 나타난 에로스(Eros)에 대한 언급에서 이해할 수 있다. 『향연』에 의하면 아프로디테가 출생하였을 때, 신들이 잔치를 베풀었는데, 그 자리에는 풍요의 신 폴로스(Polos)가 있었다. 식사가 끝날 무렵에 빈곤의 여신 페니아(Penia)가 구걸하러 와서, 문간에 서 있었다. 폴로스는 이때 벌써 술을 많이 마시고 취하여 제우스 신의 정원에 들어가 아주 고단해서 깊이 잠들었다. 그러나 페니아는 너무 궁핍했던 끝에 폴로스에게서 자식을 하나 얻으려고 그의 곁에 누워 결국 에로스를 잉태한 것이다. 이 에로스는 빈궁하지도 않고 부유하지도 않고, 또한 지혜와 무지의 중간에 있다. 왜냐하면 그는 지혜롭고 부유한 아버지와 가난하고 무지한 어머니에게서 태어났기 때문이다.

이러한 중간자인 에로스는 항상 아버지의 풍요함, 완전함을 동경하게 된다. 그리고 철학은 중간자인 인간이

---

3) 앙드레 베르제 외 1인(남기영 역), 『인간학 · 철학 · 형이상학』, 정보여행, 1996.

완전한 지혜를 추구하고자 하는 노력의 과정이다. 지혜는 가장 아름다운 것들 중 하나이고, 에로스는 아름다운 것에 대한 사랑이다. 결국 철학은 일종의 지식욕이라고 할 수도 있다.

<철학의 분야>

형이상학	(metaphysics)
논리학	(logic)
인식론	(epistemology)
미학	(aesthetics)
윤리학	(ethics)

그렇다면 일반적인 철학의 정의는 무엇인가? 그것은 삶의 원리라고 보고 싶다. 즉 철학은 보다 깊이 산다고 하는 일에 기초지워진 것이다. 그래서 20세기의 분석철학자 중 가장 뛰어나고 영향력 있는 비트겐슈타인(1889~1951)은 대학에서 강의하는 것을 도덕적인 삶이 아니라고 생각하고, 자기의 학설을 실천에 옮기려 삶 속에서 고뇌했던 것은 아닐까? 그가 자기의 학설을 실천에 옮기면서 많은 반시대적 반응이 나오게 된다. 그는 제도권 밖의 삶을 살아간다.

그는 평생 동안 자신의 삶에 대한 글을 썼는데 '내 노트가 체계적으로 정돈되려면 사실 나는 문 밖으로 나와 삶 속으로 뛰어 들어야만 한다'는 입장이었다. 그래서 부와 명예를 다 버리고 벽지의 초등학교 교사가 되기도 하고, 수도원의 정원사가 되기도 한다. 이러한 비트겐슈타인은 "세계와 삶은 하나이다"(논고 5. 621), "나는 나의 세계이다"(논고 5.63), "행복한 사람의 세계는 불행한 사람의 세계와는 다른 세계이다"(논고 6.43)라는 자신만의 독창적인, 그리고 세계의 중심이 '나'라는 유아론적(唯我論的) 철학을 주장하였었다. 세계는 하나이다. 그러나 행복한 사람과 불행한 사람이 보는 세계는 다르다. 행복과 불행도 보는 이의 태도에 달려있는 것이다.

또한 그는 『논고』(Tractatus, 1921)의 마지막에 "말할 수 없는 것에 대해서는 침묵해야 한다"라고 하였다. 이는 철학은 말할 수 없는 것을 말하려고 하는 과대망상을 버려야만 한다는 것을 말한다. 한 예로 비트겐슈타인에 있어서 종교적 언어는 말할 수 없는 말이다. 즉 하나님에 대해 우리가 믿은 교육에 의하면 하나님에 대한 믿음은 무엇이건 간에 실험할 수 있는 것에 대한 믿음이 아니며 실험할 수 있는 방법도 없다는 것이다. 그러므로 어떤 종교인이, 하나의 종교적 조각상이 1년 중의 어느 특정한 날에 피를 흘린다고 주장한다고 하자. 그 종교인은 그것이 빨간 잉크일 수 있다는 것도 인정한다.

그러나 종교인들은 그가 속임쟁이일 수 있지만 하나님이 그를 사용할는지도 모른다고 말한다. 이로 인하여 그것은 어떤 의미로는 빨간 잉크이지만 또 하나의 다른 의미로는 빨간 잉크가 아니라는 것이다.[4] 그러니까 정말 중요한 것은 우리가 그것에 관하여 침묵할 수밖에 없는 것이다. 비트겐슈타인에 의하면 우리들은 철학적인 질문에 대답할 수가 없다는 것이다. 종래의 철학에 대한 하나의 종지부였다.

제 2차 세계대전이 일어나자, 그는 의무병으로 지원하고, 전쟁 후에는 아일랜드로 가서 골웨이 근처의 한적한 어촌의 절벽같은 곳에서 오두막집을 손수 짓고 혼자서 살아간다. 이 곳에서 그는, 은둔자와 같은 생활을 하면서 비트겐슈타인의 후기사상으로 구분되는 250페이지를 넘지 않는 아주 작은 책인 『철학적 탐구』(1953)를 쓰기 시작한다.

사후에 출판된 『탐구』에서 비트겐슈타인은 다음과 같이 말하고 있다. "네 철학의 목적은 무엇이냐? 그것은 파리에게 파리잡이 유리 항아리로부터 탈출할 출구를 가르쳐 주는 것이다." 파리잡이 유리 항아리는 비트겐슈타인에게 있어서는 인간이 사는 세계처럼 비쳤던 것

---

4) 서광선 · 정대현 편역, 『비트겐슈타인』, 이대출판부, 1989, p.248. 참조

이다.

<파리잡이 항아리>는 투명한 유리로 만들어진 항아리로, 아래쪽에 파리가 들어가도록 되어 있는데, 그 항아리 바닥에는 생선꼬리같은 비린내나는 것을 넣어두면, 파리가 냄새를 맡고 들어간다. 그러나 파리는 그 항아리 속으로 기어 들어갈 수는 있어도 나오지를 못한다.

파리는 마구 날아다니다가 유리에 부딪혀서 죽기도 하고, 유리벽을 타고 내려오다가 항아리 아래 물이 들어있는 도랑에 빠져서 죽는다.

비트겐슈타인은 인간을 이러한 파리에 비교하고 있는 것이다. 파리가 그 속에서 날아다니는 항아리는 하나의 우주이다. 우리 인간은 길을 잃고 있는 것이다. 그러므로 철학하는 일은 병 속에 갇힌 파리에게 어떻게 하면 그 병에서 빠져 나올 수 있는가 하는 길을 가르쳐 주는 것과 같이 우리 인간에게 길을 제시하는 것이다.

이런 그에게 있어 철학은 일종의 치료요법으로서 작용한다. "철학적 문제를 제기하는 형식은 나는 나의 출구를 모르겠다는 것이다."(『철학적 탐구』, 123;A philosophical problem has the form:"I don't know my way about.") 인생에 있어서 진정한 가치가 있는 것은 무엇인가? 무엇이 중요한가? 인생의 의미는 무엇이며 올바른 삶이란 무엇인가? 정말 궁금하지 않을 수 없다.

비트겐슈타인의 말대로 삶의 문제는 그대로 남아있는 것인가?

PHILOSOPHY

◈ 생각할 문제 ◈

☞ 철학이란 무엇인가?

☞ 철학하는 생활 태도란 진지한 사색 후 스스로의 소신에 충실한 것이라고 생각하는가?

예를 들어 토스토예프스키의 『죄와 벌』에서의 대학생 라스콜리니코프는 전당포 노파가 가난한 사람들을 착취한다고 생각하고는 도끼로 노파를 쳐서 죽인다. 이것은 어리석은 짓이나 그의 태도는 누가 뭐라고 해도 스스로 진지하게 사고하고 자신에게 충실했기 때문에 철학하는 자세로서 평가되어진다.[5] 이와 같은 주인공의 생활태도는 어떻게 생각되는가? 또한 토스토예프스키의 초인주의나 천재주의의 사상을 생각하여 보자.

---

5) 한전숙 외, 『철학개론』, 양서원, 1978, p.14. 참조

3. 『국가론』과 이상국가의 모델

플라톤은 기원전 427년에 태어났다. 그리스 철학의 최고봉이라고 할 수 있는 그는 아테네의 명문가에서 태어났고, 스승 소크라테스의 죽음으로 『국가론』을 저술하는 동기가 생겼다고 추측되기도 한다. 플라톤은 아테네의 민주주의가 쇠퇴하고 스파르타에 의해 파멸되는 것을 보았고, 기원전 399년에는 아테네의 시민 정신을 일깨우려 했던 스승 소크라테스가 타락한 민주정치로 사형당하는 것을 경험하였다. 그래서 플라톤은 민주제를 퇴보된 체제라고 비판하였다. 그는 소크라테스의 순교로 정치에 환멸을 느끼고 12년간 이탈리아와 시실리를 여행한 후에, 아테네에 '아카데메이아'(Akademeia)라는 세계 최초의 대학을 세웠다. 그 입구에는 '기하학을 모르는 자는 이 문을 들어오지 말라'고 쓰여 있었다. 이곳의 졸업생들은 철학자, 수학자, 정치보좌관 등 다방면에서 활동하였다.

문학지망생이기도 한 플라톤의 『국가론』은 가장 오래된 유토피아 이론이며, 철학적 공산주의(共産主義)의 기획이다. 즉 국가론에 대한 그의 글은 '이상향'에 대한 것이다. 플라톤의 국가론의 근본 특성은 개인에 대한 유비이다. 그에 의하면 영혼이 세 부분으로 나누어지는 것처럼 국가도 세 계급으로 나누어진다.

모든 인간을 창조했던 신은 통치자가 될 사람에게는 황금을 섞었고, 군인들에게는 은을 섞었으며, 농부나 장인에게는 구리나 철을 섞었다는 것이다. 모든 사람은 본성에 따라 통치자가 되기도 하며 군인이나 장인이 되기도 한다. 통치자 계급은 현자로서 모든 시민의 올바른 생활 방식을 염려하고, 군인 계급은 국가의 방어를 염려하고, 생산 계급은 공동체의 의식주를 보장해야 한다.

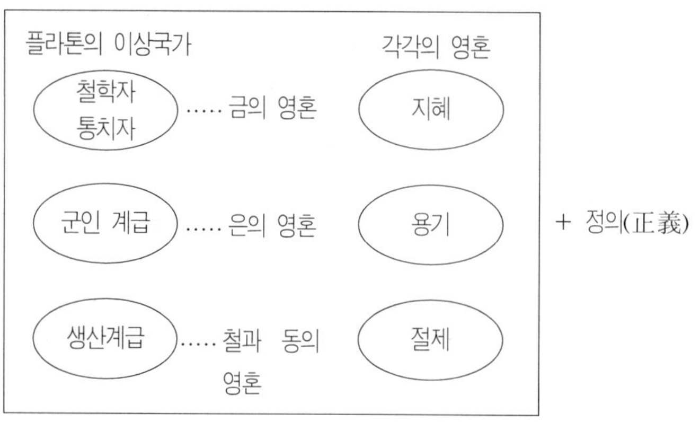

플라톤에게 개인의 덕이 지혜에서 생겨나는 것처럼, 국가도 통치자의 지배에서 발생한다. 그러므로 군인 계급은 용기에 상응하고, 생산 계급에게는 절제가 어울린다. 국가와 마찬가지로 개인에서서도 정의(正義)의 덕은 각 부분에서 조화가 발생할 때 발휘된다. 이런 정의를 포함한 4덕은 인간성과 국가 형성의 근원이다.

그러므로 플라톤은 '정의는 자신에게 알맞는 것을 소유하고 자신에게 알맞는 일을 하는 것'(『국가론』)이라고 말한다. 즉 정의는 각 계급간의 조화, 다시 말해 각 계급들이 자기 고유의 임무를 완벽하게 수행할 때 생긴다. 그는 조화로운 전체적인 인간 형성을 지지한다. 그의 관심은 결국 시민들의 성취를 완전히 국가를 위한 것으로 받아들이는 '전체국가'이다.6) 또한 플라톤에게서 교육은 국가 전체의 기초이다. 그는 20세까지 음악,시,체육을 통한 기초 교육을 실시하고, 30세까지 수학,천문학을 교육하고, 35세까지 변증법을 교육하고, 50세까지 국가에서 공무 활동을 할 것을 주장한다.

　이러한 교육과 더불어 플라톤의 이상 국가의 모델에서 상층의 통치자와 군인계급은 완전히 공동체의 복지에 생애를 바쳐야 한다. 그러므로 그들의 사유 재산은 금지되고, 여자와 어린이도 모든 사람의 공동 소유가 된다. 그러나 플라톤의 이상국가는 개개인의 개성 무시, 가족제도나 사유재산제의 폐지를 가져오기 때문에 많은 비판을 받았고, 그 당시 시실리에서 이상 국가를 세우려던 그의 노력은 실패하였다. 그의 이상주의적 유토피아는 질서 없는 현실 세계에서 질서를 부여하는 것으로서 선의 이데아7)를 이 지상에 실현시킬 수 있는 이상국가의 청사진을 제시하는데 의의가 있다고 본다.

---

6) 페터 쿤츠만 외 2인 (홍기수 · 이정숙 역), 『철학사』, 예경, 1999, p.45. 참조
7) 플라톤은 영원 불변의 이데아세계와 현실세계라는 이원론적 세계관을 주장하고 있다.

◈ 생각할 문제 ◈

☞ 플라톤은 모든 사람이 자신의 일에 열심일 때 정의가 실현 된다고 한다. 이 점에 대해 논하여 보자.

☞ 플라톤은 이상국가의 모델로서 그리스 도시국가 스파르타 를 지향한다. 스파르타의 아버지라고 할 수 있는 뤼쿠르고스는 남성들의 체육경기를 강화하는 동시에 여성의 뜀박질, 씨름, 겨 루기… 등을 제도화했다. 여성의 여성다움을 소극적 생활 태도 로 생각하여 뤼쿠르고스는 여성도 강하게 하기 위해 알몸으로 겨 루기에 참가하게 하였다. 스파르타에서는 다른 도시국가와 마찬 가지로 동성애도 허물이 아니었다. 이러한 스파르타의 생활상을 토론하여 보자.

☞ 정의의 여신상은 한 손에는 칼을, 다른 손에는 저울을 가 지고 있다. 진정한 정의(正義)란 무엇이라고 생각되는가?

제 II 부 중용의 세계관

제 II 부 중용의 세계관

4. 『니코마코스 윤리학』과 중용

아리스토텔레스(Aristoteles, B.C. 384~322)는 플라톤의 '아카데미'에서 20년 동안 배운 학생이었다. 그는 아테네 북쪽의 스타기라에서 태어났다. 아버지는 마케도니아 왕의 시의(侍醫)였고 어머니도 의사집안의 출신이었다. 그래서 그는 일찍부터 자연과학적 분위기에서 자라났다.

아리스토텔레스의 저술들은 대부분 그가 세운 학교인 '리케움'에서 학생들을 가르치기 위해서 사용했던 강의 노트들이다. 『니코마코스 윤리학』도 그 강의 노트들 중의 하나이다. 그의 저서는 『논리학』, 『형이상학』, 『정치학』, 『시학』, 『윤리학』 등이 있다. 알렉산더 대왕의 13

세 때의 가정교사이기도 했던 그는, 서양 정신사에 기여한 논리학을 저술하였다. 그의 논리학은 '전통 논리학'의 근본이 되었다. 그는 삼단논법을 정식화한다.

<삼단논법>

모든 인간은 죽는다.	M-P
소크라테스는 인간이다.	S-M
따라서 소크라테스는 죽는다.	S-P

일련의 추론이 연결되어 증명이 된다. 이는 연역법으로서 '보편적인 것'에서 '특수한 것'으로 나아간다. 그 반대는 귀납법으로서 '개별적인 것'에서 '일반적인 것'으로 나아간다.

형이상학과 윤리학의 아버지라고 할 수 있는 아리스토텔레스는 플라톤의 세계관이 분리시킨 현실 세계와 이데아 세계를 결합하여 일원론적 세계관을 세웠다. 그러므로 개체의 형상(이데아)과 개체를 나누어 생각하지 않았다. 그는 사물의 본질이 사물 자체에 있다고 하였다.

『니코마코스 윤리학』은 인간 실천의 영역을 대상으로 삼으며, 인간 행위의 목적은 행복에 있다고 한다. 행복이라는 말은 잘 산다는 말과 같은 말이다. 아리스토텔레스는 행복을 최고선으로 규정하면서 그에 이르는 길을 제시한다.

아리스토텔레스에 의하면 도덕적 행위라고 하는 것은 목적을 달성하기 위해서 무엇을 해야 할 것인가를 인식하고 행하는 행위이다. 그러므로 그는 도덕은 행위 선택의 성품이고, 중용(中庸)을 그 본질로 하는 습성이라고 한다. 이 때의 중용은 이성적 원리에 의하여 그리고 또 실천적인 지혜를 가지고 있는 사람이 그것을 결정할 때에 기준으로 삼을 원리에 의하여 결정되지 않으면 안 되는 것이다. 그런데 그것은 두 악덕, 즉 과도로 말미암은 악덕과 부족으로 말미암는 악덕 사이의 중용이다.[8] 진정한 중용은 자기와의 관계이며 자기 자신과 양 극단들과 각각 등거리에 있는 것이 중용이다. 아리스토텔레스는 윤리적 태도는 실천을 통해 습득된다고 주장한다. 그리고 내용적으로 윤리적 덕은 잘못된 극단 사이의 중용 또는 중도로서 규정된다. 그에 의하면 만용과 비겁의 중용은 용기이고 나태와 탐욕의 중용은 포부이다. 쾌락의 과도는 방종이고 부족한 것은 무감각이다. 따라서 그 중용은 절제이다. 돈에 관계되는 덕으로서는 관대(또는 관후)[9]가 있다. 방탕(낭비)과 인색은 재물에 관해서 과

---

8) 아리스토텔레스(최명환 역), 『니코마코스 윤리학』, 서광사, 1984, p.72.

도와 부족의 경우이다. 방탕은 자제력이 없는 사람들이나 방종한 생활에 돈을 쓰는 사람들을 말하고, 인색은 주는 면에 있어서 부족을 의미한다. 그에게 있어 특이한 점은 관대한 사람은 당연히 취할 데서 취하고 그렇지 않은 데서는 취하지 않는 것보다는, 받아서 마땅한 사람에게 주는 것이다.[10]

과도	중용	부족
만용	← 용기 →	비겁
낭비	← 관대 →	인색
탐욕	← 포부 →	나태
방종	← 절제 →	무감각
돈키호테의 저돌성	← 극기 →	햄릿의 우유부단

이 밖에 온화는 노여움에 관해서의 중용인데, 노여워 할 일에 적당한 시간 동안만 노여워하는 것이다. 또한 아리스토텔레스는 사람들과 교제함에 있어서 즉 사회 생활을 하거나 남과 말이나 행위를 서로 주고받음에 있어, 비위만 맞추는 사람들이 간혹 있다고 말한다. 이런 사람들은 상대방을 기쁘게 해주기 위해서 무엇이든지 칭찬만 하고 반대하는 일이 없으며, "자기가 만나는 사

---

9) 관후(寬厚)는 재물에 관해서의 중용으로 여겨진다.
10) 아리스토텔레스, 같은 책, p.114. 참조

람들에게 절대로 괴로움을 주지 않는 것"을 신조로 삼고 있다. 이와 반대로 무엇에든지 덮어놓고 반대하며, 남을 괴롭히는 것을 아무렇지도 않게 생각하는 사람들이 있다.[11] 아리스토텔레스는 이 중간의 상태를 '우애'와 닮았다고 보았으며, 이 중간의 상태는 시인할 만한 것은 올바르게 시인하고 꾸짖을 만한 것은 올바른 태도로 꾸짖는 것이다.

아리스토텔레스의 중용은 우리에게 많은 삶의 실천적 지혜를 제공하여 준다. 그의 중용은 유가(儒家)의 4서(중용, 대학, 논어, 맹자)의 하나인 『중용』에서 말한 것처럼 어느 한쪽으로 기울어지거나 치우치는 일이 없고 지나치지도 모자라지도 않는 것으로, '중'이란 온 천하에 통용될 수 있는 도(道)이고, '용'이란 사리에 알맞는 것이라는 뜻에 조금도 벗어나지 않는다.

---

11) 앞의 책, P.134.

◈ 생각할 문제 ◈

☞ 친구는 운수가 좋을 때에 더 필요한가, 그렇지 않으면 불운한 때에 더 필요한가?

(『니코마코스 윤리학』)

5. 『깡디드』와 중용적 세계관

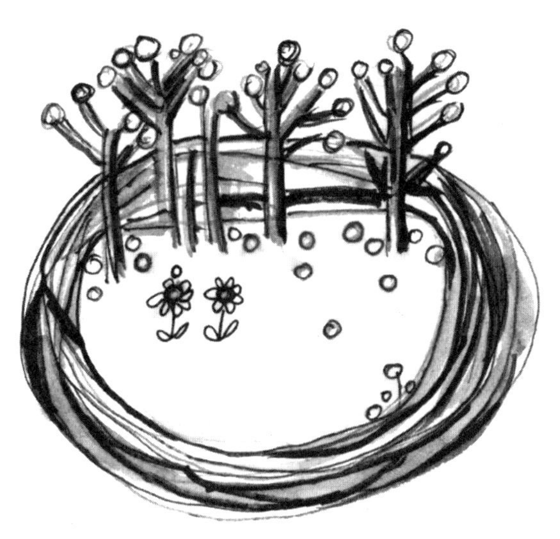

18세기 프랑스를 대표하는 계몽사상가인 볼테르는
그 당시에 풍미하던 라이프니츠의 낙천주의를 『깡디

드』[12]라는 작품을 통해 통렬하게 풍자한다.

『깡디드』는 사상적 경향이 강한 작품이며, '깡디드'(candide)란 불어로 '순박하다', '단순하다'는 뜻이다. 『깡디드』의 내용은 다음과 같다.

독일 남작의 성에 살게 된 깡디드는 남작의 딸 뀌네공드를 좋아하게 되는데 어느날 뀌네공드가 그녀의 손수건을 떨어뜨렸을 때 그것을 주워주면서 키스를 한 것이 남작에게 발각되어 성 밖으로 쫓겨난다.

깡디드는 남작의 성에서 가정교사 팡그로스에게서 현실은 '최선의 세계'라는 가르침을 받는다. 그래서 깡디드는 이러한 것을 믿었지만, 그가 성 밖으로 내쫓기면서 찾아오는 온갖 불행은 "모든 것이 최선으로 되어간다"고 한 가정교사의 말을 불신하게 한다. 이같은 불신은 뀌네공드에게도 일어난다.

남작의 성을 불가리아 병사가 침입하여 남작부부는 죽음에 직면하게 되었고, 그녀는 능욕을 당하고 칼날에 의해 상처를 입게 되어 하녀로 팔려 다니게 된다. 작품은 모든 악의 기록으로 일관된다. 포로의 생활로 여기저기 팔려가는 뀌네공드 외에도, 교황 10세의 딸의 불행,

---

12) 볼떼르(염기용 역) 『깡디드』, 범우사, 1989, 참조

팡그로스 선생의 고난의 체험 등이 그렇다.

이제 뀌네공드는 너무나 추한 모습이 되었지만 깡디드는 그녀의 몸 값을 지불하여 자신이 옛날에 사랑했던 그녀를 구하고 청혼을 하여 결혼을 한다. 사실 깡디드의 마음 속에는 뀌네공드를 아내로 맞아들이고 싶은 생각은 털끝만큼도 없었으나 그녀의 오빠인 젊은 남작의 거드름에 결혼을 해야겠다는 결론을 내려버린 것이었다. 그 후 그녀는 비록 차마 눈뜨고 볼 수 없을 만큼 추한 모습이 되었지만 아주 훌륭한 과자 제조인이 되었다.

이러한 작품을 통해 볼 때 볼테르는 '모든 것이 선이다'라는 라이프니쯔의 세계관에 반대하여 인간 스스로의 노력과 창조 정신을 더 높이 평가한 듯한 느낌을 준다.

볼테르는 낙관주의와 비관주의의 중간의 위치에 서서 중용적 세계관을 펼친 것이다. 이 작품은, 이 세상은 라이프니쯔의 '최선의 세계'도 마니교의 '최악의 세계'도 아니라는 것의 깨달음에 의미 부여를 하고 있는 것 같다.

작품은 인간의 운명은 스스로 개척하고 진보해 나가는 것이라는 것을 묘사하면서 끝을 맺는다.

"지금 우린 우리의 뜰을 경작해야 합니다."[13]

---

13) 같은 책, p.178.

◈ 생각할 문제 ◈

☞ 절대적 선은 있는가?

☞ 깡디드의 인생관을 어떻게 생각하는가?

☞ 한국인은 '불행 중 다행'이라는 체념행복론(이규태 에세이)으로 자위하면서 곤궁과 수난을 참아낸다고 한다. 이 점에 대해 생각하여 보자.

제 III 부 현대와 실존주의

제 III 부 현대와 실존주의

6. 『이것이냐 저것이냐』와 결혼

주체적인 인간의 철학인 '실존주의'의 아버지 죄렌 키에르케고르(1813-1855)는 19세기의 독자적인 대사상가였다. 그의 저서는 아주 독특하고, 종교적 관점을 내포하였다.

그는 『이것이냐 저것이냐』(Either/Or, 1843)에서 신앙으로 가는 개개인의 길을 서로 다른 여러 실존 단계에 의거해서 서술한다. 그의 철학의 정수는 미적 체험·윤리적 체험·종교적 체험 등 세 가지 단계의 인생 체험에 있다. 이것들은 생에 대한 세 가지의 태도, 세 가지의 인생 철학을 뜻하는 것이다. 어떤 사람들은 한 단계에서 그 다음 단계로 이행해 나가지만, 반면에 어떤 사람들은 그 첫 단계를 결코 넘어서지 못하는 수도 있다. 세 번째 단계가 다른 두 단계보다 우위이다. 키에르케고르는

『이것이냐 저것이냐』를 그 첫 두 단계에 대한 상세한 분석에 할애한다.

미적 태도를 키에르케고르는 비기독교적 낭만주의자들의 태도로 전형화될 수 있는 태도로 보고, 그것을 '돈 쥬안'(Don Juan)의 예에서 찾았다. 또한 이 태도는 추상적 지식인이 되어 현실적 상황과는 동떨어져서 살아가기도 한다. 그 다음의 윤리적 단계는 개인의 미적 단계의 무의미성, 절망감에 못이겨 넘어오게 된다. 윤리적 실존은 결단의 주체이며, 단호하게 삶에 참여한다. 그래서 이 단계에서는 '너 자신을 알라'는 소크라테스의 명령은 '너 자신을 선택하라'로 받아들여진다. 그러나 이 윤리적 단계도 완성되어질 수 없다. 왜냐하면 윤리적 인간은 그 자신이 죄인의 상태이기에 이상적인 삶을 살 수 없다. 키에르케고르에 의하면 우리는 신 앞에 홀로 선 죄인이기 때문이다. 이렇게 해서 종교적 단계로 넘어간다 하느님만이 진리의 조건을 제시할 수 있기 때문에, 인간은 스스로는 진리에 도달할 수 없고, 하느님에게 의탁한다. 이 세 번째 종교적 단계는 '신에게로의 귀의'이다.

위와 같은 세 개의 단계들이 키에르케고르의 질적 변증법이라 할 수 있다. 미적 단계는 연애에 비유되고, 윤

리적 단계는 의무에 대한 배려에 의해서 결혼으로 비유
되고, 종교적 단계는 절대적인 신앙으로 사는 종교적 실
존으로 비유된다. 이 단계에서는 진실로 사랑하기 때문
에 결혼할 수 없는 역설(paradox)적인 사랑이 나타난다.

　이러한 키에르케고르의 사랑방식 때문에, 그는 사랑
하는 약혼자 레기네와 파혼을 한 것은 아닐까? 다음의
인용은 『이것이냐 저것이냐』의 중요부분이라고 생각된
다.

　결혼해 보라, 그대는 그것을 후회하리라.

　결혼하지 않고 있어보라. 역시 그대는 후회하리라. 결
혼해도 하지 않아도, 어느 편이든 그대는 후회하는 것이
다. 세상의 어리석음을 비웃어보라. 그대는 그것을 후회
하리라. 세상을 기만해 보라. 그대는 또 그것을 후회하
리라. 세상의 어리석음을 비웃든 탄식하든, 여하튼 그대
는 후회하는 것이다. 한 여자를 믿어보라, 그대는 후회
하리라. 믿지 말아보라, 역시 그대는 후회하리라. 연애
해보라, 그대는 후회하리라. 연애하지 말아보라, 역시
그대는 후회하리라. 연애해도, 연애를 안해도 그 어느
쪽이든 후회하는 것이다.[14)]

---

14) S.키에르케고르(김영철 역), 『이것이냐 저것이냐』, 휘문출판사, 1969, p.41.

◈ 생각할 문제 ◈

☞ 영국의 미래학자인 로빈 배커 박사는 미래에는 맞선 대신 유전자 증명서로 궁합을 확인하는 시대가 올 것이라고 한다. 그리고 2060년 경에는 두 명중 한 명 꼴로 정자은행이나 복제에 의해 아이가 태어나게 되어 결혼은 과거의 유물쯤으로 여기게 될 것이라고 한다. 이런 세상은 과연 도래할 것인가?

☞ 많은 사람들이 흔히 결혼에 대해 '해도 후회, 안해도 후회라면, 하고 후회하는 것이 낫지 않은가'라고 말한다. '결혼과 시대'에 대해서 논의해 보자.

☞ 불안과 절망의 철학자인 키에르케고르에 의하면, 인간은 자신을 상실할 수 있는 가능성이 내재해 있다. 그는 이것을 '절망'이라고 부르며, 『죽음에 이르는 병』(1849)에서 인간이 자신의 자아를 상실하는 방식들을 서술하고 있다. 우리는 신 앞에 홀로 선 죄인인가? 키에르케고르의 말처럼 하느님 앞에서 인간 자신이 되려고 하지 않는다는 것, 이것은 '죄'의 정의인가 생각하여 보자.

7. 『짜라투스트라는 이렇게 말하였다』와 신의 부정

프리드리히 니체(1844~1900)는 개신교 목사 집안의 외아들로 태어나서 21세 때에 생철학자 쇼펜하워(1788~1860)의 『의지와 표상으로서의 세계』를 읽고 많은 영향을 받았다. 그는 저술도 없이 24세에 부교수로 임명되고, 라이프찌히 대학은 논문이나 시험없이 박사학위를 수여할 정도로 일찌이 인정받은 천재였다. 그리고 1870년(26세)에는 바아젤 대학 정교수가 되었다.

그는 27세 때는 『비극의 탄생』을 집필하여 28세 때 출간하였고, 1878년에는 『인간적인 너무나 인간적인』을 출간하였고, 1881년 여름에는 알프스의 실스 마리아 호숫가를 산책하던 중 '모든 것은 끊임없이 윤회한다'

는 영감을 얻었는데, 이것이 바로 우리의 삶이 영원히 반복한다는 '영원회귀'이다. 그리고 1883년 『짜라투스트라는 이렇게 말하였다』를 쓰기 시작해서 1885년(41세)에 완성하였다. 이 책에서 그는 '신은 죽었다'는 유명한 말을 남긴다. 1888년에 그는 그리스도교를 비판하는 『반그리스도교인』과 『이 사람을 보라』를 저술한다. 『이 사람을 보라』에서는 '왜 나는 이토록 영리한가', '왜 나는 이토록 좋은 책들을 쓰는가' 등의 자기 몰입의 표현을 사용했다. 그리고 1889년 처음으로 길거리에서 발작을 일으켰는데, 이는 니이체가 21세때 생일을 자축하기 위해 쾰른 관광여행 중 유곽에 발을 딛게 되고, 라이프찌히에 돌아와서도 그 비슷한 곳을 몇 차례 찾아가게 된 까닭으로 매독에 걸린 것이 원인이었다. 당시 매독은 불치병이었고, 1889년 3기에 이른 매독은 정신 마비 증세를 나타내었다.[15] 그 후 죽을 때까지 거의 혼수상태로 누워서 지냈다.

　역동적인 니체 사상은 힘에의 의지, 영원회귀, 초인(超人, The Superman)이 주요 개념이다. 니체의 초인은 힘에의 의지에 산다. 삶은 적극적으로 힘을 얻으려고 하는 창조적 의지이다. 그리고 강자를 정신적으로 대표하

---

15) 폴 스트래던(김주휘 역), 『니체·신은 죽었다』, 편앤런북스, 1997, p.81. 참조

는 초인은 신이 죽었다고 보았다. 그래서 『짜라투스트라는 이렇게 말하였다』에서 기독교적 가치들의 전복을 다음과 같이 서술하였다.

'보라! 내가 그대들에게 초인을 가르치리라. 초인이란 대지의 참 뜻이다. 그대들의 의지는 당연히 말해야 한다. — 초인이야말로 대지가 지닌 참뜻이어야 한다고

형제들아! 나는 그대들에게 간절히 원한다. — 대지에 충실하여라. 그리고 저 천상(天上)의 희망을 말하는 사람들을 믿지 말라! 그들이야말로 의식적이든 무의식적이든 간에 독을 주려는 자들이니라.

그들이야말로 생명의 모멸자요, 소멸되는 자, 또 스스로 독을 품은 자들이다. 대지는 그와 같은 사람들에 지쳐 버렸다. 그들로 하여금 떠나는 대로 내버려 두어라.

지난 날에는 신을 모독하는 일이 최대의 모독이었다. 그러나 신은 죽었고, 그럼으로써 그들 모독자들도 함께 죽었다.……

한때는 영혼이 육체를 모독했다. 그 시대에 있어서는 이 모독이 가장 큰 것이었다. — 영혼은 육체가 여위고, 처참해지고, 그리고 굶주리기를 희망했다.……

그러나 말하라!… '그대들의 영혼은 실제로 빈곤과 불결과 가련한 쾌적에 불과했던 것이 아닌가?'16)

니이체의 '신이 죽었다'고 함은 그리스도교적 신 뿐

---

16) 니이체(강두식 역), 『짜라투스트라는 이렇게 말하였다』, 휘문출판사, 1969, pp.26~27.

만 아니라 플라톤 이래의 이상 일체가 소멸하였다는 것을 의미한다. 그러므로 '인간적인 너무나도 인간적인 삶'의 철저한 현실주의를 옹호한 것이다. 그는 주인다움, 강자의 속성을 강조한다. 이렇게 해서 운명을 사랑하는 초인이 이상적인 인간형으로 등장한다. 그래서 니체는 인간의 창조적 삶, 창조적인 역사에 주목한다. 이것은 단순한 무신론이 아니다, 도리어 인간 삶의 풍부한 창조를 강조한 것이 아닌가? 니이체의 '삶을 그것이 완전하도록 살라'는 말처럼 말이다.

◈ 생각할 문제 ◈

☞ 니이체가 생각한 초인의 원형은 그의 짜라투스트라이다. 이 인물에 대해서 생각하여 보자.

☞ 『짜라투스트라는 이렇게 말했다』에서 니체는 정신 성장을 낙타, 사자, 어린아이의 세 시기로 나누어 진다고 했다. 낙타는 학문의 짐을 지고 있는 시기, 사자는 억압으로부터의 해방의 시기, 어린아이는 즐겁고 부끄럼 없는 긍정적 태도의 시기라고 하였다. 이러한 비유에 대해서 생각해 보자.

8. 『구토』와 존재의 체험

노벨 문학상을 거부한 프랑스 실존 철학자 사르트르는 『존재와 무』와 『구토』를 통해 존재의 문제를 다루었다. 그의 어린 시절의 성장과정은 그의 사색에 많은 영

향을 끼쳤다. 사르트르가 어린 나이(1세)에 해군 장교인 부친이 별세했다. 그래서 사르트르는 외가집에서 살게 되었다. 그는 재산도 없고 집도 없고 자기 것이라고는 하나도 없었다. 그러므로 존재는 자기 자신의 존재를 발견할 수 없는 존재였다. 이 이유 없는 존재가 사르트르에게 있어서는 부조리한 존재인 것이다. 또한 자기에게 속한 것이 아무 것도 없는 인간은 아무 것에도 구속되지 않는 자유로운 존재다. 그러나 이러한 자유는 저주된 자유라는 것이다.

그의 가장 중요한 저서 『존재와 무』(1943)에서 사르트르는 존재에는 대자존재(의식적 존재)와 즉자존재(비의식적 존재들)가 있다고 한다. 대자존재(對自存在, 스스로에 대해 있는 존재, being-for-itself)는 무(無)를 간직하고 있는 의식이 있는 존재이고, 즉자존재(卽自存在, 스스로의 안에 있는 존재들, beings-in -themselves)는 있는 그대로의 존재이다. 사물은 '즉자'를 가지고 있고, 사람들은 '대자'를 가지고 있다.

사르트르는 '실존이 본질에 앞선다'라는 그의 실존주의의 이론적 근거를 『존재와 무』에서 다루었고, 이 작품은 결국 도덕철학이 중요한 부분을 이루고 있다. 왜냐하면 사르트르에게 있어 인간의 도덕적 삶의 핵심은 자유개념이며, 그의 자유는 대자태이기 때문에 갖는 근원적 허무성에서 유래되기 때문이다. 그 자유는 즉자같이 완전히 충만된 존재가 아니라 무를 간직하고 있어서 이 빈 공허를 메꾸려는 욕구에서 나온 자유이다. 그러나 인간이 즉자이려고 하는 욕망은 결코 충족될 수가 없는 부조리한 것이고, 즉자 자체도 단순하고 우연적이므로 '그 자체로 서 있는 존재', 즉 무의미한 존재이다.

그러면 이러한 존재의 체험을 구토라고 단언한 부정의 기록인 사르트르의 『구토』(1938)를 살펴보자. 『구토』는 그의 첫 번째 소설이다.

이 소설의 형식은 일기체로 되어 있으며, 화자(話者)가 홀로 있는 인간이다. 여기서 우리는 벌거벗은 대로의 인간 존재의 모습을 체험하게 된다. 주인공 로캉탱은 30세의 고독한 독신남이다.

> 「나로서는 홀로, 완전히 홀로 살고 있다. 누구에게도 결코 말을 걸지 않고, 아무것도 받지 않으며, 아무것도 주지 않는다」
>
> (『구토』)

이와 같이 시작하면서 일기는 그날 그날 일어난 일들을 적어둔다.

로캉탱은 마리 앙트와네트 왕비시절의, 18세기의 롤

르봉 후작에 대한 전기(轉記)를 쓰기 위해서 부빌이란 시골 도시에 와서 3년을 보내게 된다. 이 전기를 쓰는 일은 자기 스스로 자신에게 부과한 일거리이다. 그는 완전히 홀로, 그리고 아웃사이더로 살아간다. 그러던 어느 날 바닷가에서 사물에 대한 새로운 감각적 차원의 체험을 한다. 그는 바닷가에서 조약돌을 주웠을 때 일종의 달콤한 역겨움을 느낀다. 조약돌로부터 손으로 옮겨오는 '손안에 있는 일종의 구토'를 느낀다.

로캉탱은 모든 사물이 설명될 수 없는 채 단지 존재하고 있음을 의식하고 이것은 바로 무의미하고 구토를 일으키는 것이라는 것이다.

로캉탱은 눈에 보이는 것, 손에 닿는 것으로부터 증오와 구역질이 일어나는 경험을 하게 된다. 문의 손잡이, 파이프, 맥주컵, 종이조각, 그리고 자신의 얼굴에 이르기까지…….

어느 날 공원 벤치에 앉아 마루니에 나무뿌리를 바라보며 명상에 잠겨 있을 때, 그는 구토의 정체를 생각해 낸다. 대자존재인 인간이 즉자존재를 대면하는 진정한 모습은 구토라는 역겨운 현상에서 나타난다. 이전의 바닷가에서 조약돌을 주웠을 때의 체험 그것이었다. 그는 구토의 정체를 생각해 본다.

　왜 마로니에 나무 뿌리는 거기에 존재하는가? 이 마
로니에 나무뿌리가 존재하는 이유를 우리는 설명할 수
가 없다. 그러므로 우리는 실존을 인식하지 못하고, 부
조리한 존재는 살아있는 한, 실존으로부터 벗어나지 못
한다. 사르트르는 이러한 현상의 실태가 인간을 비극적
존재로 만드는 것이라고 보고 있는 것이다. 로캉탱은 인
간을 포함한 모든 존재는 전혀 존재이유를 갖고 있지
않고, 또한 우연한 존재일 뿐이라는 결론을 내린다. 그
래서 주인공 로캉탱은 사물과 자신에 대해서 구토를 느
낀다. 로캉탱은 그의 주변의 세계 속에 내재하는 무의미
를 강렬하게 인식하게 된다.

무의미를 강렬하게 인식하게 된다.

「종이 식탁보 위에 햇빛이 비치는 곳이 있다. 햇빛이 비치는 곳에서 한 마리의 파리가 둔하게 기어다닌다. 파리는 앞발을 맞대어 비비면서 몸을 녹인다. 나는 파리에게 묵사발을 만들어 버리는 호의를 베풀어 주겠다. 파리는 햇빛을 받아 금빛으로 빛나는 털이 나 있는 이 거대한 집게 손가락이 나타나는 것을 보지 못한다. "죽이지 마세요, 선생님." 독학자가 소리질렀다. 파리는 터지고, 그 배에서는 작고 흰 창자가 나온다. 나는 파리를 존재에서 해방시켰다. 나는 독학자에게 무뚝뚝하게 말한다. "이 놈에게 호의를 베풀어준 겁니다."」

(『구토』)

사르트르가 『존재와 무』에서 말했듯이 구토의 이미지는 썩은 고기나 신선한 피에 의해 생기는 구토와 같은 것이다.

작품 『구토』의 마지막에서 로캉탱은 모든 것을 포기하면서 째즈곡처럼 아름답고 단단한 소설을 쓴다며 자신이 구원받을지도 모른다는 덧없는 희망을 품기도 한다.

사실, 사르트르는 존재의 허망함으로 인한 인간의 기분 나쁜 양상만 추구한 것은 아닌가? 또한 사르트르는 삶에 대한 적극적인 반응이 결여되어 있는 것은 아닌가 하고 생각하여 볼 수 있다. 그러나 사르트르는 『구토』에서 인간의 절망감을 잘 표현하였고, 궁극적으로는 이

절망감을 해소하려는 인간의 몸부림과 부조리에 대한
대항을 자각하게 하였다.

◈ 생각할 문제 ◈

☞ 사르트르에 의하면 두 사람의 동등한 인격체의 존재의 공존은 있을 수 없다. 그래서 그는 '타인은 지옥이다', '악은 언제나 타인에게서 온다'라고 말하고 있다. 이 점에 대해서 비판해 보자.

☞ 사르트르와 보봐르는 평생 계약결혼을 유지한다. 그들의 결혼부정론은 한쪽이 자유를 획득하면 다른 쪽은 사물이 된다는 것이다. 계약결혼은 자유를 유지시킨다고 보는가?

9. 『시지프스 신화』와 부조리

철학과 문학이 가장 자연스럽게 만나는 곳은 실존주의 문학작품에서라는 것을 앞에서 밝혔다. 그런데 실존주의 문학은 부조리 문제를 주로 다루었다.

'부조리한'(absurd)의 사전적 의미는 이성이나 양식(良識)과 조화가 안된, 이성과 명백히 반대되는 것이라고 정의되고 있다.[17] 이러한 부조리의 문제를 까뮈(1913~1960)의 작품을 통해 알아보고자 한다.

일반적으로 실존철학자로 인정되고 있는 까뮈는 글을 읽지 못하는 농아자와 다름없었던 어머니로부터 태어났으며, 그의 집안은 매우 가난했다. 그는 철학교수가 되겠다는 야심이 있었으나 가난했기 때문에 학업을 중단하여야만 했다. 그러나 그는 계속 쇼펜하워와 니이체의

---

17) Hinchliffe(황동규 역), 『부조리 문학』, 서울대出, 1986, p.1, 참조

저서를 애독하였다. 그는 1960년 파리 근교 국도에서 자동차 사고로 죽었다.

까뮈는 지중해의 알제리에서 태어났는데, 그의 철학·문학은 지중해의 태양 없이는 탄생되지 않았을 것이다. 그러므로 그를 '태양의 신도'라고 부른다. 그런 까뮈의 『이방인』(1942)은 부조리 체험으로 이해될 수 있는 작품이다. 줄거리는 다음과 같다.

뫼르소는 30대의 독신남이다. 승진하는 일에도, 파리로 전근하는 것에도 관심이 없는 평범한 회사원이다. 그는 어머니의 사망 통지서를 받고서 양로원으로 찾아간다. 어머니의 시신 옆에서 담배를 피우고, 커피를 마시며, 밤을 새우지만 눈물 한 방울 흘리지 않는다. 양로원 원장이 장의사 사람들이 관을 닫기 전에 한번 더 어머니를 보겠느냐고 묻자, 그는 아니라고 대답한다. 또 인부가 어머니의 나이를 묻자 그는 모른다고 대답한다. 장례 후 그는 알제리로 놀아가 다음날 수영을 하고 여자를 만나 희극영화에 데리고 가고, 그리고 정사를 한다.

어느 날 그는 친구의 사건에 말려 들어가 살인을 하게 된다. 백사장에서 태양이 너무나 강렬하게 내리쬐어 자신도 모르게 방아쇠를 당겨 아라비안인을 죽이게 된다. 그는 다시 네 발을 상대방에게 쏘았다. 그리고 법정

에서 권총발사 이유를 태양 때문이라고 해서, 웃음거리
가 되고 만다. 뫼르소는 자신의 정당방위를 증명하려고
하지 않는다. 살인 행위 그 자체보다도 그가 인간다운
도덕 감정을 갖지 못했고, 그의 행위는 냉혹하였으며,
그가 어머니의 죽음에 대해 무관심했었다는 것에 의해
그는 사형 선고를 받는다.

　눈물을 흘리지 않았기 때문에 사형선고를 받아야 하
는 세상, 얼마나 부조리한가? 또한 죽음을 앞두고서야
뫼르소는 세상을 다시 살아볼 결의를 하였다. 이 얼마나
부조리한 현실인가? 그는 인위적인 것을 거부한 자연
그대로의 삶을 영위하였으나 실질적으로 세상사람과 단

절된 삶이었다.

사실 까뮈의 소설『이방인』은 그 자신의 철학『시지프스 신화』와의 연관 속에서 이해될 수 있다. 까뮈의 '부조리'는 인생의 궁극적 존재 이유의 부재(不在), 일상생활의 허무성, 인생의 무의미를 통해 드러난다. 그러한 것이 잘 묘사된 작품이 바로『시지프스 신화』이다.『시지프스 신화』는 모두가 부조리로 구성되어 있다. 까뮈는 이렇게 쓰고 있다.

> 「호머의 말을 믿는다면, 시지프스는 사람들 중에서 가장 현명하고 신중한 사람이었다. 그러나 또 따른 전설에 의하면, 그는 주로 산적의 직업에 종사하였다고 한다. 나는 여기에 아무런 모순이 없다고 본다.」[18]

시지프스는 지하 세계에서 공허한 노동을 하도록 벌을 받게 되었다. 신들은 시지프스에게 끊임없이 반복해서 거대한 놀을 산꼭대기까지 굴려 올리는 형벌을 과한 것이었다. 그러나 거대한 돌을 들어올리면, 그 돌은 그 자체의 무게로 말미암아 다시 굴러 떨어지는, 무익하고 희망 없는 무서운 형벌이었다. 돌이 들판으로 또 다시 굴러 떨어지는 것을 보며, 그는 다시 들로 내려간다. 까

---

18) 까뮈(이가림 역),『시지프스 신화』, 문예출판사, 1990, p.158.

뮈는 벌 받는 시지프스에게서 인간의 본연의 모습을 보았던 것이다. 매일 매일의 반복적 삶, 그것이 바로 시지프스의 노동이 아닐까?

시지프스에게 과해진 노동은 부조리이고, 그는 그 부조리에 반항한다. 왜냐하면 그는 그 돌을 성실하게 다시 들어올리기 때문이다. 시지프스는 태양신, 바위는 태양, 산은 창공을 비유한 것이라고 볼 수 있다. 태양은 날마다 떠오르고 가라앉는다. 그것은 시지프스가 밀어 올리고 그리고 떨어뜨리고 있기 때문이다. 이 『시지프스 신화』의 주제는 하나의 운명애라고 할 수 있다.

◈ 생각할 문제 ◈

☞ 우리는 반복되는 일상적 삶 속에서 어떻게 의미를 찾고 있는가?

10. 『성(城)』과 실체의 문제

카프카(1883~1924)는 프라하에서 태어난 유태인이
었고, 카프카는 그가 살았던 사회에서 나름대로의 아웃
사이더의 위치를 점하고 있었다. 그의 아버지는 아들의

천재성을 이해하지 못했고, 그는 아버지를 몹시 두려워하여 동일한 여성과 두 번 약혼했고, 또 모두 파혼했다. 그는 또한 개척자로서의 불안정한 삶을 살았고, 41세의 나이에 결핵으로 사망한 가장 실존주의적인 인물이다. 그는 작품 『성』에서 실체를 탐구하려고 하였다.

작품 『성』에는 성을 방문하는 방문자 K가 등장한다. 작품은 시종일관 『성』의 주인과 방문자 사이의 연결의 괴리현상이 나타난다. K는 자기를 측량기사로 채용한 그 성주를 찾으려 하나 끝내 그를 보지도 못하고 그에게 접근하지도 못한다. 그런데도 K는 성주에게 가려고 꾸준히 시도해 본다.

> 「K가 도착한 것은 밤도 깊어서였다. 마을은 깊은 눈으로 뒤덮여 있다. 성의 산들은 조금도 보이지 않고, 안개와 어둠이 산을 에워싸고 있어서, 커다란 성이 있는 곳을 나타내 주는 희미한 불빛조차 보이지 않았다.……」
>
> (『성』)
>
> 「성은 저쪽의 산 위에 분명히 보이고 있지만, 그 곳을 향해서 걸어가자, 길은 성으로 통하지 않고 다만 가까이 다가갈 수밖에 없었다.」
>
> (『성』)

K의 운명은 바로 이러한 성으로 가는 길 자체이다.

마치 까뮈의 시지프스처럼 실패를 할 때마다 또다시 새로 시작해야 하는 헛된 노력이 된다. 이것도 역시 하나의 부조리라 할 수 있다.

　작품『성』에서 K가 하려는 일은 세계를 측량하는 것이나 하느님의 실체를 정확히 파악하려고 하는 것이라 볼 수 있다. 성은 눈앞에 보이고 있지만 성으로 가는 길은 K에게는 닫혀져 있는 것이다. 성이 있는 쪽으로 가도가도 성은 나타나지 않는다. 하느님의 실체를 우리는 정확히 파악할 수가 없는 것이다. 소외된 고독한 인간의 모습이 나타나 있다.

◆ 생각할 문제 ◆

☞ 작품 『성』은 종교적 상징을 찾는 사람에게 효력을 발생하는가?

☞ 카프카의 작품 속 인물들은 신의 곁에 있는 낙원을 잃어버렸다. 그래서 그는 나타나지 않는 신을 그렸다고 볼 수 있다. 이 견해를 고려해 보도록 하자.

11. 『예술작품의 근원』과 구원의 길

마틴 하이데거(1889~1976)는 20세기의 가장 영향력 있는 사상가 중 한 사람이다. 그는 문학과 예술 등 여러 방면에서 영향을 끼쳤다. 그의 철학은 어떤 해결을 주기보다도 문제를 제시해줌에 큰 뜻이 있으며, 그는 그 해명의 암시를 제공해주는 것이 철학의 과제라고 보았다.[19]

존재의 수사관이라고 불리워지는 하이데거는 존재의 사색에 그의 사상의 역점을 둔다. 그러므로『예술작품의 근원』에서도 '존재'에 대해 본질규정을 한다. 철학은 어떤 의미에서는 범인을 수사하는 것과 비슷하다. 범인은 항상 도망쳐서 숨어버린다. 이와 마찬가지로 사물의 본질도 현상 뒤에 숨어있다.[20] 하이데거는 바로 현상 뒤

---

19) 김형석, 『서양철학사 100장면』, 가람, 1994, p.313.

의 존재 자체를 구하고 있는 것이다.

『예술작품의 근원』(1935/36)은 예술작품의 용도성을 설명한다. 예술이 무엇인가 하는 사실은, 작품으로부터 인식되어야 한다. 그는 모든 사물은 '도구적 존재'로 이해한다. 그런데 도구의 도구 존재는 용도성 가운데 자신의 본질을 갖는다.

예를 들어 '한 컬레의 촌 아낙네의 구두'와 고호의 그림을 생각하여 보자. 촌 아낙네는 밭 일을 하면서도 신을 신고 있다. 즉, 이 경우에도 구두는 구두로서 자신의 본질 가운데 존재하고 있는 것이다. 구두는 아낙네가 일

---

20) 모리모또 데쯔로(기린원 편집부), 『문학과 철학의 만남』, 기린원, 1984, p.201.

을 하면서 구두에 대해 생각하거나, 혹은 그것을 자꾸 보거나 하는 일 없게 할 때, 심지어는 구두를 신고 있다는 것을 느끼지 조차 못하게 만들 때, 그 구두는 구두로서는 참된 것이다. 구두는 실제로 이렇게 쓰이고 있다.[21]

고호가 그린 이러한 종류의 구두그림은 우리가 그 앞에 섬으로써 도구의 도구존재는 밝혀진다. 이 그림은 우리가 작품의 곁에 있을 때, 우리는 일상적으로 있던 곳과는 전혀 다른 곳에 있게 된다고 말한다. 즉 예술작품이 '구두라는 도구'가 진실로 무엇인가를 알게 해준다. 이처럼 하이데거는 사물의 존재를 그 사물의 도구성에서 찾고 있는 것이다.

구두 가죽 위에는 대지의 습기와 풍요함이 깃들여 있고, 구두창 아래는 해 저물녘 들길의 고독이 깃들여 있고, 이 구두라는 도구 가운데서 대지의 소리 없는 부름이, 겨울 들판의 황량한 곳에서 해명할 수 없는 대지의 거절이 동요하고 있다. 이렇듯 도구의 도구존재의 본질은 용도성에 있다는 것이다.[22]

하이데거에 있어서 예술의 본질은 존재자의 진리의

---

21) 마틴 하이데거(오병남 · 민형원 역), 『예술작품의 근원』, 경문사, 1982, p.99.
22) 같은 곳, 참조.

작품 가운데로의 자기정립이다. 그리고 진리의 생기(生起)로서의 예술작품의 근원은 예술이다. 예술 작품이 구두라는 도구가 진실로 무엇인가를 알려주고 있다.[23] 즉 예술작품이란 존재의 진리의 자기표출의 장소이다. 이러한 예술은 오늘의 기술문명 위기를 구원해 줄 수 있는가?

하이데거는 예술을 통해서 구원의 힘을 얻을 수 있다고 제안한다. 구원의 힘이란 하이데거에 있어 존재를 말하는 것이다. 그리고 구원의 힘을 끝까지 확인할 수 있는 인간의 본연의 모습은, 결국 시인으로서 있을 수밖에 없다.

그는 예술작품이 세계[24]를 세운다고 말한다. 예술작품은 세계를 열고 그 세계를 영속적으로 있게 한다. 이때의 세계는 그 자체를 드러내는 개방성이다. 다시 말해, 세계는 감추지 않고 오히려 그 자신을 드러낸다. 세계는 특정한 역사적 사람들과 관련되어 있어, 고대 그리스인들과 현대의 사람들은 같은 이해의 맥락들을 공유하지 않는다. 그리하여 그들의 예술작품들은 각기 다른 세계들을 건립한다.

---

23) 같은 책, p.179.
24) 근본 가능성에 속한 세계.

　　하이데거는 세계를 대지와 대조시킨다. 하이데거가 말하고 있는 대지는 "어느 곳에나 쌓여 있는 산더미 같은 질료의 개념들과 연관되거나, 단순히 지구의 천문학적인 개념과 관련된 것이 아니다."[25] 하이데거가 논의하는 대지는 천문학자나 물리학자의 대지가 아니라, 예술작품이 의존하는 근거로서, 예술작품이 구성하는 질료로서 이해된다. 예술작품은 대지의 드러남에 대한 열림을 제공하면서 세계를 건립한다. "세계건립은 작품존재에 속한다."[26] 그리하여 하이데거는 예술을 통하여 구원의 힘을 불러일으킬 수 있다고 믿는다. 그의 예술을 통한 존재의 사색은 기술문명의 위기를 극복할 새로운 길을 제시했다고 보아진다.

---

25) 같은 책, p.110.
26) 같은 책, p.114.

◈ 생각할 문제 ◈

☞ 비트겐슈타인은 『문화와 가치』에서 '과학과 기술의 시대는 곧 인간성 종말의 시작'이라고 하였다. 이처럼 그는 과학만능주의가 인간의 다른 가치들을 백안시함으로써 이 시대를 암흑으로 뒤덮는다고 믿었다. 그렇다면 기술문명의 위기는 어떻게 극복될 수 있을까?

제 Ⅳ 부　포스트모더니즘과 노장사상

제 Ⅳ 부　포스트모더니즘과 노장사상

12. 『라디오같이 사랑을 끄고 켤 수 있다면』 과 사유의 가벼움

1. 현대 사회는 포스트모더니즘(postmodernism)의 시대라고 한다. 포괄적으로 사용되고 있는 포스트모더니즘의 개념과 성격은 비교적 최근에 들어와서야 비로소 정립되었지만 그 원리는 사실상 오래 전에 싹튼 것이다. 이것은 제 2차 세계대전(1939~1945)을 기점으로 처음 시작되어 1970년대와 1980년대에 이르러 문명의 위기 의식과 더불어 본격적으로 대두된 현상이다. 그러므로 포스트모더니즘이라는 용어의 등장은 모더니즘에 대한 반발이 시작되던 1930년까지 거슬러 올라가지만 그것이 한 시대를 대표하는 사조로서 부각되기 시작한 것은 대략 1970년부터라고 보아 크게 틀리지 않는다. 21세기

를 바로 눈앞에 두고 있는 지금, 그것은 20세기 후반을 지배하는 가장 핵심적인 신사조나 새로운 시대의 변화에 맞는 의미로 간주되기도 한다.

post-란 접두사는 '~후의(after)', '~을 넘어서서', '탈'이라는 뜻을 가진다. 그러므로 일반적으로 포스트모더니즘하면 탈근대주의, 탈현대주의, 후기근대, 후기현대라고 명명된다. 넓게는 탈구조주의 또는 해체주의라는 의미도 함축한다. 왜냐하면 포스트모더니즘은 문화현상이며, 해체는 그 방법론이기 때문이다.

포스트모더니즘은 부분적으로는 새로운 형태의 사회에 대한 표현이자, 부분적으로는 예술에서 포스트구조주의에 대한 새로운 용어이다. 그래서 포스트모더니즘과 포스트구조주의를 동의어로 쓰기도 한다.[27] 푸꼬[28], 데리다, 리오따르 같은 포스트구조주의자들이 포스트모더니스트들이다.

그렇다면 모더니즘, 포스트모더니즘, 해체주의의 관련성을 살펴보자. 20세기 전반부를 풍미한 사조나 시대정신이 모더니즘이라고 한다면, 20세기 후반부를 풍미하는 사조나 시대정신은 바로 포스트모더니즘이라고 할

---

27) 마단사럽외(임현규 편역), 『데리다와 푸꼬, 그리고 포스트모더니즘』, p.134. 참조

28) (1926~1983), 프랑스의 철학자.

수 있다. 이때의 포스트모더니즘은 모더니즘의 반발인
가? 연장인가?[29]

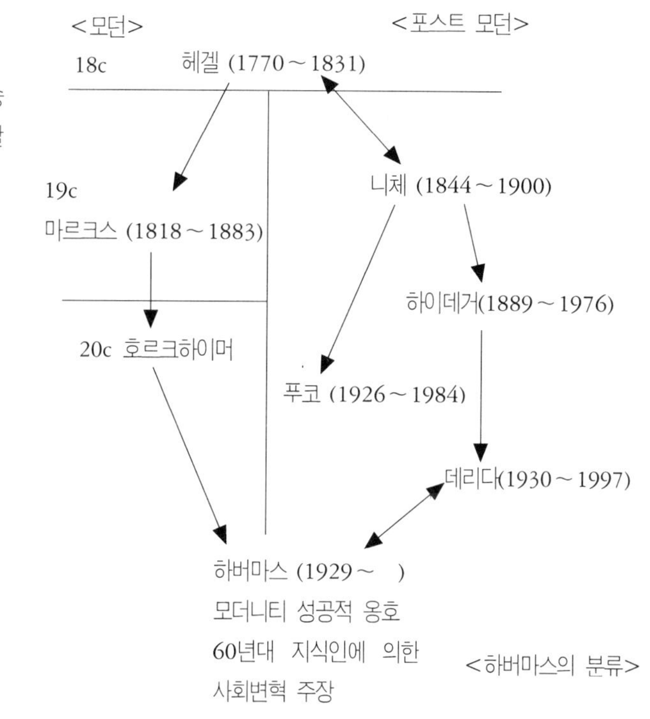

---

29) 연장이며 동시에 반발로 보는 견해로서 한스 베르텐스의 표현 :
　「포스토모던 예술은 그저 존재하는 것이고 경험되는 것이다. 모던 예술은 표
　층너머에 숨은 어떤 의미를 지칭하고 이해하는 것이다. 포스트모던 예술은
　그 자체를 표층으로 제시하고 모던 예술은 이 표층 뒤에 숨은 깊이를 요구한
　다.」
　* 이 글은 대체로 포스트모더니즘은 모더니즘과 전혀 다른 문화적 경향이라는
　관점을 취할 것이다.

근세 이후 서구사회의 문화현상의 큰 맥을 이루었던 모더니즘이 결국 소수 인텔리나 지식인의 문화를 대표하는 데에 그쳤다. 그 시대의 문화공간에 속했던 사람들은 각각 유식한 사람과 무식한 사람, 교양인과 비교양인으로 나누고, 전자의 편이 우위에 있다는 전제하에서 형성되어진 문화현상이 모더니즘이다. 즉 모더니즘은 인텔리문화의 산물인 것이다.[30] 그리고, 포스트모더니즘은 문화적 상황인데 이것은 해체의 이론이 수반된다. 그래서 푸꼬는 이성중심주의의 모더니즘을 강력히 비난하여 포스트모더니즘의 방법론인 해체를 내세운다. 해체는 선·악, 진리·거짓, 이성·반이성의 대립항에서 항상 전자에만 우월성을 부여해왔던 합리주의나 이성우월주의에 대해, 과연 그것이 타당한가라는 의문을 제시한다.[31]

그리하여 해체주의는 사고를 해묵은 개념적 한계로부터 해방한다고 하는 가능성을 열어주는 철학적 글쓰기의 하나의 스타일이며, 새로운 문학 비평 방법으로 대두되고 있다. 그것은 전통적인 철학에 대한 반항과 도전을 함축하고 있는 것이다.

---

30) 김양호, 「한국현대소설과 비평의 만남」, 한불문화출판, 1993, p.71.
31) 같은 책.

많은 기본 신념들이 '어떠한 체계도 모든 진리를 드러내지는 못한다'는 니체주의에 뿌리를 두고 있는 해체주의자인 데리다는 '철학의 종말'이라는 철학적 전통에 대한 비판의 문제와 '인간의 종말'을 논의하는 휴머니즘 비판 문제를 그의 철학의 주제로 삼는다. 그리하여 그는 형이상학의 거대한 전통이 종언을 고한 것으로 간주한다.

그래서 포스트모더니즘의 문제제기는 이성자체의 자기정당화는 불가능한 독단이라는 것을 그 출발점으로 삼고 있다. 그러므로 이성이 더 이상 중심축이 될 수 없음을 드러내고 중심이 없다는 점에서 체계는 해체되는 것이다.

이성중심주의에 대한 해체란, 중심과 주변의 경계설정에 대해 이성의 무근거성을 보여줌으로써 경계자체가 해소 소멸되어 버리는 측면을 강조한다.[32] 그 동안 주변적인 것으로 무시되거나 도외시되어 왔던 모든 것들이 이제 새로운 의미를 부여받으면서 그 중요성이 새롭게 부각되기 시작했던 것이다. 이렇게 중심과 주변의 이분화가 사라지므로 해서 고급과 저급 예술의 경계가 해체된다.

---

32) 같은 책, pp. 81~82 참조

정장을 차려입고 세종문화회관에 앉아 세계적 피아니스트의 연주를 듣고, 끝나면 일어서서 기립박수를 치는 것과, 마이클잭슨의 공연에 열광하여 쇼 진행이 불가능할 정도로 소리치다가 까무러치는 것과, 공터마당에서 장구와 꽹가리에 어울려 절로 어깨춤을 들썩이며 어울려드는 신명들은 각각 동등한 가치를 지닌 것들이다. 이들을 고급·저급으로 구분할 수 있는 객관적 근거란 없다는 것이 포스트모던의 입장이다. 즉, 차이란 다양함에 불과할 뿐, 차이를 차별화시킬 수 있는 최종적 정당근거란 없다는 것이다. 이것이 포스트모더니즘의 다원성 선언이다.[33]

일반적으로 포스트모더니즘은 임의성과 우연성 그리고 유희성의 특징을 지니고 있다. 지금까지 모더니즘이 추구해온 일반성이나 보편성에 대한 일종의 반작용이라 할 수 있다. 존재의 깊이를 거부하고 존재의 가벼움, 사유의 가벼움을 추구하는 것이다. 그 예를 작품에서 찾아보자.

---

33) 같은 책, p. 86. 참조.

내가 단추를 눌러 주기 전에는
그는 다만
하나의 라디오에 지나지 않았다.

내가 그의 단추를 눌러 주었을 때
그는 나에게로 와서
전파가 되었다.

내가 그의 단추를 눌러 준 것처럼
누가 와서 나의
굳어버린 핏줄기와 황량한 가슴속 버튼을 눌러다오
그에게로 가서 나도
그의 전파가 되고 싶다.

우리들은 모두
사랑이 되고 싶다.
끄고 싶을 때 끄고 켜고 싶을 때 켤 수 있는
라디오가 되고 싶다.

(『라디오같이 사랑을 끄고 켤 수 있다면[34]』)

이 시는 모든 가치를 임의적이고 주관적인 것으로 묘
사한 느낌이 든다.

---

34) 김춘수의 「꽃」을 변주하여 장정일이 썼다.
　　장정일, 『길안에서 택시잡기』, 민음사, 1988. p.64.

또한 포스트모더니즘의 시35)는 도시시, 해체시, 일상
시의 형태를 띤다. 예를 들면,

> 열 다섯 살,
> 하면 금세 떠오르는 삼중당 문고
> 150원 했던 삼중당 문고
> 수업시간에 선생님 몰래, 두터운 교과서 사이에 끼워
> 읽었던 삼중당 문고
> ……

(『삼중당 문고』36))

위의 시는 기존의 시의 형식이나 틀을 무너뜨리고 일
상생활을 나열해 놓았다.

이와 같이 포스트모더니즘들은 깊이를 거부함으로써

---

35) 이 계통의 시인으로 김수영, 황지우…… 등을 든다.
36) 같은 책 p.11.

표피적이고, 미시적 접근을 통해 인간의 헛된 미망을 드러내고, 주변으로 물러났던 타자의 음성을 복원시킨다. 온갖 선험적인 개념이나 이념이 허구이며, 욕망의 산물임을 드러내 소유와 억압으로부터 벗어난 열린 삶, 과정으로서의 진실을 축복하기도 한다. 그러나 이러한 포스트모더니즘의 현상들은 깊이가 없어서 뚜렷한 비전도 없고 공허한 느낌을 준다고 비판받는다.

이외에 포스트모더니즘은 서구세계를 지배해 온 휴머니즘의 전통과의 단절과 더불어 불확정성, 비결정성, 이미지의 파편화, 아이러니, 자아의 분산, 갈림과 모순의 축복, 카니발화, 행위와 참여 등에 의해 특징지워지며 탈중심화, 각 쟝르를 서로 혼합하고 결합한 탈쟝르화도 중요 관점들이다. 이 중에서 자아의 분산의 한 예를 들어보자.

서양의 전통 논리들은 〈P이면서 동시에 ~P〉(「P · ~P」)인 경우를 하나의 가능한 논리적 관계로 수용하기를 거부하는 모순 배제의 논리로 일관한다. 예를 들어, 내가 '나'이면서 '나'가 아닐 수 없다는 것이다. 그러나 예외의 경지를 보여주는 이단자들이 있다. 〈P · ~P〉라는 것은 현실의 사태가 이미 선험적으로 미래를 향하여 갈림길에 선 존재양식을 설명하는 것이다. 말하자면 존재하는 사태에 관한 모순을 잉태하고 있다. P는 그것에 얽힌 그 밖의 어떤 것에 의존해 있다. 그것은 어떻게 존재하는가?

모더니즘의 초극자(超克者)[37]로 평가될 수 있는 도시인 이상(李箱, 1910~1937)[38]의 작품,「시 제2호」를 통해 그것을 예시(例示)해 보자.

> 나의아버지가나의곁에서조을적에나는나의
> 아버지가되고또나는나의아버지의아버지가되
> 고그런데도나의아버지는나의아버지대로나의
> 아버지인데어쩌자고나는자꾸나의아버지의아
> 버지의……아버지가되니나는왜나의
> 아버지를껑충뛰어넘어야하는지나는왜드디어
> 나와나의아버지와나의아버지의아버지와나의
> 아버지의아버지의아버지노릇을한꺼번에하면
> 서살아야하는것이냐

이상(李箱)이 그와 그자신의 아버지와의 관계 그리고 그 자신의 아버지의 아버지와의 관계 그리고 그 자신의 아버지의 아버지의 아버지와의 관계를 생각하면서 자기를 잃어가는 과정은 모든 존재하는 사태가 이미 논리적

---

37) 문학예술가편, 『한국의 인간상』5, 신구문화사, 1967. p.455.
38) 이상은 집안환경이 불우했다. 그는 2살 때 백부집에 양자로 들어갔고, 아버지는 막노동꾼이었다. 그는 두 살부터 벌써 「천자책」을 놓고 「地」자를 외며 가리켰고, 하루 동안에 한글을 깨치고, 일찍이 미술과 건축에 뛰어난 재능을 보였다고 한다. 그의 글은 초현실주의의 색채를 나타내었다.

으로 마련되어 있는 우주적 프로그램「P·~P」에 의존하고 있음을 드러내는 하나의 사례다.[39]

이상(李箱)을 포스트모더니스트라고 단언할 순 없으나, 위의 시에서와 같이 자아상실의 요소들은 포스트모더니즘의 특성들과 연관성이 있다.[40]

포스트모더니즘은 '열린시대'의 '열린 사조'라고 할 수도 있다. 포스트모더니즘 텍스트는 수많은 해석의 가능성을 향해 열린 채 끝이 난다. 톨스토이의 리얼리즘 계열의 소설들, 헤밍웨이의 모더니즘 계열의 소설들에는 그것이 해피 엔딩이건 비극이건 또는 질서의 회복이건 그 나름대로의 '결말'이 있다. 그러나 포스트모더니즘 계열의 소설들에는 그러한 결말이 없다. 바셀미의 단편 「우리 아버지 우시는 모습」은 아무런 결말이 없이 끝나는 경우의 대표적 예를 보여준다. 부친의 죽음에 대한 진실을 추적하는 이 소설의 주인공은 수 많은 정보를 듣게 되지만, 마지막에는 이 모든 것이 사실은 허위일지도 모른다는 것을 깨닫게 된다. 이 단편은 결말을 짓지 않고 불확실한 상황 속에서 끝이 난다.[41]

---

39) 박동환, 「구월말의 노트」, 미발간, 1991. p.2.
40) '이승훈, 『포스트모더니즘 시론』, 세계사, 1992.'에서 의미론적 해체에 이상의 시 「오감도」를 들었다.
41) 김 성곤, 『포스트모더니즘과 현대 미국 소설』, 열음사, 1993. 참조

이 외에도 포스트모더니즘의 계보에 속하는 작품은 하일지의 『경마장 가는 길』, 반체제 작가 밀란 쿤데라(1929~)의 과감한 성적(性的)광란의 모습이 적나라하게 묘사되어 있는 『참을 수 없는 존재의 가벼움』, 반복되는 근친상간의 혼돈으로 돼지 꼬리 아이를 낳게 되어 몰락하는 집안을 그림으로로써 현실에 대한 풍자를 신화적 수법으로 나타낸 마르케스의 『백년 동안의 고독』, 경험과 사유의 가벼움·존재의 가변성을 유희적으로 그린 장정일의 소설 『너에게 나를 보낸다』 등등이 속한다.

그밖에 삶의 본질을 대화적인 특성에서 찾는 대화주의로 대표되는 열려진 언어를 갈망한 러시아의 바흐찐(1895~1975)과 인간적 삶의 근원 등 절대적 이상이 무너진 포스트모던 사회를 묘사하고, 자본주의적 생산양식의 논리는 물론 마르크스주의 정치경제학, 프로이드주의 등 서구사회의 근대를 열었던 논리들을 모두 해제했기 때문에 포스트모더니즘의 대가(大家)로 손꼽히고 있는 불란서 사회학자 장 보드리야르[42] 등이 그 계보에 속하는 작가들이다.

[42) 파리 10대학 사회학과 교수, 작품으로 『소비사회』(70)가 있다.

2. 포스트모더니즘 계열에 속하는 작가중 대표적 포스트모더니스트로 평가되는 바흐친[43]에 대해서 좀 더 설명하여 보고자 한다.

러시아의 사상가이며 문학 이론가인 바흐친은 포스트모더니즘에 이론적 근거를 마련해 준 진정한 의미에서의 대표적 포스트모더니스트로 평가될 수 있다.

그의 이론은 대화주의로 요약되는데 그 중에서도 가장 핵심적인 개념으로 널리 사용되고 있는 화자와 청자 사이의 대화적 상상력, 다성성(多聲性), 이어성(異語性), 다어성(多語性), 카니발화 등과 같은 비결정성이나 비종결성 혹은 불확정성의 개념은 포스트모더니즘이 받아들이고 있는 가장 기본적인 개념들에 해당된다.

이렇게 볼 때 그가 인간의 모든 행위 중에서도 언어 행위를 가장 핵심적인 것으로 파악하였듯이, 언어 유희는 사실상 포스트모더니즘을 규정짓는 가장 중요한 특징 중의 하나이다. 그에 의하면 모든 언어는 구체적인 시간과 사회적 공간 안에서 화자와 청자 사이에서 일어나는 구체적인 상호작용의 산물이다. 그런데 의사소통의 기호인 언어가 이제 더 이상 의미를 전달하는 기능을 담당할 수 없다면 여기에 불가피하게 〈유희공간〉이

---

43) 김욱동 외, 『바흐친과 대화주의』, 나남, 1990. p.229~325. 참조

생겨나게 된다. 그리고 작가들은 이 유희공간을 통해 언어의 유희를 탐닉하는 것이다.

또한 바흐친이 말하는 다성적(多聲的) 문학이란 다양한 목소리와 의식에 의해 특정지워지는 문학을 뜻한다. 즉 다양한 목소리나 의식들이 작가에 의해 종속되지 않은 채 작중인물들은 작가와 대등한 위치를 차지하고 있는 능동적인 주체에 해당된다. 그리하여 〈저자의 퇴장〉을 뛰어넘어 〈저자의 죽음〉을 초래한다. 이제 더이상 저자는 의미의 근원이며 해석의 권위자가 아닌 것이다.

이외에도 그가 주장하는 이어성(異語性)이나 다어성(多語性)은 언어의 다층적이고 다원적 특성을 강조하는 현상을 말한다. 예를 들면 어떤 하나의 말은 시간의 추이에 따라 의미하는 바가 서로 다르다. 즉 언어는 하루하루마다 제각기 그 특유의 슬로건, 그 특유의 어휘, 그 특유의 강조점을 지니고 있다.

그리고 카니발 축제를 연구한 민속 연구가이기도 한 바흐친의 이론 가운데 카니발화는 중요하고, 카니발은 바흐친이 말하는 〈유쾌한 상대성〉이 지배하는 세계다. 천국과 지옥, 성스러움과 불경스러움과 같이 대립적인 것들이 서로 혼합되고 함께 어우러진다.

그런데 민중 축제인 카니발이 문학 쟝르에 끼친 영향

으로 가장 초기의 카니발화된 문화 양식은 의견의 점진적 교환에 의해 진리를 발견하는 소크라테스식 대화이고, 바흐친에 의해 세르반테스의 『돈키호테』와 도스토예프스키의 작품이 카니발화된 문학으로 간주된다.

특히 바흐친은 도스토예프스키의 작품을 타자를 함축하는 다음성(多音性)소설로 본다. 즉 주체가 내부의 나와 나 아닌 것인 타자를 함축하고 개인이 타인을 포함하는 독자의 대화적 상상력을 존중하는 열린 소설이라는 것이다.

두 사람이 대화를 나눈다. 그들의 대화는 역할 수행이라는 가짜 음성과 내심의 진짜 음성으로 이분되어 있다. 어느 순간 이 가짜 음성 뒤에서 진짜 음성이 불쑥 얼굴을 내밀고 그것이 상대방의 진짜 음성을 여지없이 끌어낸다. 예를 들어, 도스토예프스키의 『죄와 벌』에서 노파를 살해한 라스콜리니코프는 형사 포피리와 마주 앉는다. 살인범으로 잘못 지정된 미코르카의 자백을 듣고도 내심 라스콜리니코프에 대한 의혹을 버릴 수 없던 포피리는 한동안 미코르카를 죄인으로 믿는 듯이 이야기를 한다. 그러던 어느 순간 독백처럼 "어찌 그가 그 짓을 하였겠는가, 절대 그가 아니다!"라고 외친다. "그럼 누가 죽였다는 겁니까?" 딴청을 부려오던 라스콜리니코프의 거짓 음성 뒤에서 진짜 음성이 튀어나오는 순간이다. 이제 포피리는 라스콜리니코프에게서 자백을 받은 거나 진배가 없다. 두 사람 사이에서 네 개의 음성들이 맴돌다가 어느 순간 가짜의 숲을 헤치고 진짜 음성들이 상호 접촉을 꾀하는 순간인 것이다.[44]

3. 앞에서와 같이 포스트모더니즘의 움직임은 사회·문화의 전반적인 상황에서 일어났다. 사회적으로는 인습적인 성의 차이 경계가 붕괴되어 성해방을 이끌어 냈으며, 현대 감각의 건축, 귀를 찢는 고음의 신세대의 특징을 나타내는 헤비메탈 록음악, 다양성의 미술, 풍자성·즉흥성을 강조하는 무용 등등이 나타났다.

이러한 포스트모더니즘은 고정관념을 탈피시키고 탈권위적이지만, 외국 이론이라서 우리 사회에서는 아직 기론힐 시기가 아니라는 주정도 있다. 또한 포스드모더니즘은 서구에서 고도의 소비 문화를 창출했으며 이것이 현재 우리에게 과소비 현상을 불러 일으켰다는 부정적 시각도 있다. 더불어 그것은 중산층의 가치적 위기, 쾌락주의, 일종의 상업적 전략, 과시욕 등을 야기시키고

---

44) 김 욱동 외, 앞의 책, p.274~275.

있다고 지적된다.

이 이론은 시대정신으로서 우리 사회의 윤활유 역할을 할 것인가? 아니면 천박한 일시적 기류로 사라질 것인가? 단지 상실감 강한 신세대들의 사유의 가벼움의 세태인 표상으로 기억될 것인가? 이는 우리가 모더니즘 시대의 착오나 문제를 거울삼아 오히려 모더니즘의 연장성 상(上)에서 그것의 한계를 극복하고 벗어난다는 의미에서 포스트모더니즘을 이 사회·문화전반에 걸쳐 이해하면 해결의 실마리가 되지 않나 생각된다.

4. 이제 존재의 가벼움을 추구하는 포스트모더니즘의 동양사유적 이해를 추구하여 보자.

포스트모더니즘은 주관성, 상대성의 성격을 갖고 있으며 시대사적 관점에서 이 문화 현상은 극단적 상대주의라고 평가내릴 수 있다. 그러므로 이 포스트모더니즘은 동양의 도가사상의 상대주의와 일맥상통한다.45)

노자·장자의 도(道)개념은 사물들 사이의 양극적인 상대성을 포함하고 있는데 특히 그 예를 장자가 든 미추(美醜)의 언급에서 살펴 보기로 하자.

---

45) 노자·장자의 도개념은 항상 양극적인 언어를 생성하는 데리다의 차연(differance)개념과 같다.

춘추시대 말기에 서시라는 미인이 있었는데 눈썹을 찌푸릴 때 그녀의 아름다움이 말할 수 없는 매력을 발산하여 여인들이 다투어 흉내를 냈으나 다른 여인의 경우에서는 아름답지 않고 오히려 추했다는 것이다.「아름답다」와「추하다」의 가치기준의 차이는 존재하는 것인가? 장자는 절대적 기준이 없다고 본 것이다. 절대적 가치의 파괴, 그것은 현대사회의 존재의 가변성에 대한 유희, 표피적 사유와 넓은 의미에서 맥을 같이하고 있는 것은 아닌가하는 생각을 갖게 한다.

◆ 생각할 문제 ◆

☞ 야누스의 얼굴을 가진 포스트모더니즘에 대해 논해 보자.

☞ 선·악, 미추, 시비(是非), 생사(生死)의 절대적 기준
은 있는가?

13. 『성의 역사』와 동성애

성·광기·권력의 철학자인 미셸 푸코(1926~1984)는 합리적 인간과 절대적 진리의 개념을 거부하고, 2500년에 걸친 서양 형이상학, 역사의 연속성, 주체의 동일성을 끝장 낸 프랑스의 핵심 철학자였다. 한때 그는 철학의 추상성을 참을 수가 없어서 철학자의 길에서 심리병리학으로 전공을 바꾸었다. 사실 그는 고등사범 시절에 자살을 기도했고, 의사인 아버지는 아들을 정신과 의사에게 데리고 갔고, 푸코는 그때 의사에게 동성에 대한 성적 관심을 털어놓았다. 그 후 그는 심리학에 흥미를 느끼게 되었다. 1956년 초 프랑스의 정신병원에서 심리치료사로 일하기도 한 그는 1960년 클레르몽-페링 대학의 철학과 주임이 되고, 1969년에는 지적 동반자 질 들뢰즈(1925~1995)를 파리 8대학 교수로 영입하고, 1970

년에는 콜레주 드 프랑스의 사상체계사 교수 자리에 취임하였다. 그는 1984년 파리의 한 병원에서 에이즈로 숨졌다.

'힘이 곧 정의'라는 격언과 '아는 것이 힘이다'라는 격언은 푸코의 체계를 떠받치는 두 개의 중심 기둥인데, 그가 대중적 인기를 얻었던 근원은 감옥, 제조공장, 학교, 군대, 병원 등에서의 비합리적이고 억울한 경험들의 구체적 사회 모순들이었다.

근대문화의 실천들은 역사적 원근법 속에 그 밑바탕을 두어야 한다는 푸코는 『광기의 역사』(1961)에서 모든 것을 권력 관계 아래서 설명하였고, 우선 광기가 이성과 완전히 다르다거나 전혀 반대라는 고정관념을 버릴 것을 설명하였다. 『진료소의 탄생』(1963)에서는 불합리한 대학부속병원의 예를 들었고, 『감시와 처벌』(1975)에서는 근대 이전 루이 15세의 시종 다미앵이 왕의 의무를 일깨우기 위해 칼끝으로 왕의 어깨를 살짝 건드린 죄로 차열형(車裂刑)에 처해져 납, 기름, 송진, 유황, 밀랍이 뿌려지고 사방으로 몸이 찢겨진 예를 들어 권력체계를 분석하였다. 또한 훈육적 행위의 예로 감옥이나 학교에서의 행동에 대한 철저한 통제와 반복 훈련을 들었다. 『성의 역사』(1976)에서는 성(性)의 문제를 다루었다.

　그는 『성의 역사』에서 성에 대한 억압의 가설을 자세히 살피고 그것이 출현한 배경 또는 출현시킨 권력의 책략을 드러냄으로써, 그것의 허구성을 논박한다.[46] 『성의 역사』는 프로이드―마르크스적인 입장에 대한 공격으로 시작한다. 푸코는 본능의 억압이 문명의 기초를 이룬다는 프로이드류의 사유를 반대함으로써 자신의 입장을 피력해 나갔다.

　푸코는 성에 대한 전통적 관점을 확인한다. 빅토리아 시대는 남 보는 앞에서는 지나치게 얌전을 뺐다. 이것은 여성 반대 운동의 일환이었고, 성이 왜곡되어 점점 더 병적으로 되었다. 그 이래로 프로이드는 성에 대해 공개적으로 말하도록 했다. 푸코는 성에 대한 담론이 무한히 증가하는 것은 서구 문명의 주요 과정 중의 하나로서 성의 과학이라고 했다.

　『성의 역사』는 근대의 서구문화에서 어떻게 성욕의 경험이 출현했는지 파악하려는 목적을 갖고 있었다. 푸코는 고고학적-계보학적 접근방법을 취하면서 『성의 역사』 자료들을 검토한다. 그에 의하면 동성연애는 이제 하나의 특이한 종자로 분류된다고 보았다. 그는 이교도

---

46) 미셸 푸코 (이규현 역), 『性의 역사』 제1권, 나남 출판, 1994, 역자서문, p.12. 참조.

문화와 기독교 문화의 차이점을 구별하는 전통적 지혜에 의문을 제기한다. 고대의 섹스는 긍정적 의미를 갖고 있었는데, 기독교는 그것을 죄악에다 결부시켰다. 또 기독교는 일부일처제를 강조한 반면, 고대인들은 좀더 자유로운 섹스관을 갖고 있었고, 남자들 사이의 동성애도 허용했다. 드디어 그리스의 동성애적 관계는 필리아(*philia*, 남성의 우정)를 탄생시켰다. 그러나 그리스 사람들은 나이든 남자를 좋아하는 동성애는 경멸하고, 젊은 남자에게 국한시켰다. 이때 소년과 남자는 사회적으로 동등한 위치이다. 아테네에서 어떤 법률은 자유 신분의 아이들을 보호하지만, 청년이 모든 사람이 보는 앞에서 한 남자의 성적 파트너가 되는 것을 방해하거나 금하는 것은 아무 것도 없었다는 것이다. 『성의 역사』 제 2권은 플라톤의 논평으로 끝을 맺는다.

「남성간의 사랑, 더 정확히 말해서 청소년들에 대한 동성애는 그 이후에는 아주 가혹하게 오랫동안 비난받게 되었지만 그리스인들은 이러한 일에 합법성을 부여했다. 그래서 우리는 그들이 남색에 비교적 관대했다는 증거를 이런 합법성에서 찾아볼 수 있다.」[47]

푸코는 플라톤의 이러한 말을 잘 활용하여 그의 주제

---

[47]미셸 푸코(문경자 · 신은영 역), 『성의 역사』제2권, 나남출판, 1999, p. 236.

를 윤리학으로 새롭게 도약시켰다. 이러한 푸코의 동성애에 대한 입장은 우리가 현사회에서 어떻게 받아들여야 하는가를 고려할 필요가 있으며, 그는 알려지지 않은, 제외된, 잊혀진, 주변적인 담론들의 역사를 쓰려고 했던 점이 다시 한번 확인된다.

◈ 생각할 문제 ◈

☞ 푸코에 의하면 여성들은 순종적인 신체가 되어가고 있다고 한다. 환각적인 '여성성'을 쫓아 '길들여진 몸'이 되고 있다는 것이다. 사회적으로 체계화된 여성성/남성성의 구도에 대해서 생각하여 보자.

☞ 푸코 이후 포스트모던 사상가들인 데리다, 리요타르, 질 들뢰즈 등 프랑스 현대철학의 바람이 위세를 떨치고 있다. 푸코와 절친한 사이였던 질 들뢰즈는 1995년 자신의 아파트에서 뛰어내려 자살하였다. 사람들은 그의 자살이유를 자기이론의 고갈과 현실에 대한 절망감을 느꼈기 때문이라고 추측한다. 이 점에 대해 생각해 보자.

☞ 알랭 소칼은 『지적 사기』(1997)에서 질 들뢰즈를 비롯한 포스트모더니스트들이 과학을 어떻게 남용했는가에 대해 비판을 하였다. 현시점에서 해체이론 등 포스트모던 사조에 비난을 퍼붓는 점을 생각하여 보자.

14. 『노자』와 부드러움

　　초나라때 노자가 지은 『노자도덕경』은 5000자가 조금 넘는 분량이며 모두 81개의 장으로 이루어져 있다. 이 책은 노자(老子)라는 사람이 지었다고 해서 옛날에는 그냥 『老子』라고 불렀다. 그러니 『노자』라는 이름이 아마도 가장 오래된 이름일 것이다.[48]

　　노자는 기원전 6세기 사람으로서 공자와 같은 시대 사람으로 신화적 인물이다. 그는 기원전 2세기 사마천의 『사기』 속에 짤막한 전기가 남아있을 뿐이다. 그의 사상은 자연철학이라 할 수 있으며, 격조 높은 문학의 방법을 통한 탈세속적 달관의 철학은 신비주의의 특색도 드러내고 있다.

　　노자는 우주 만물의 근원은 도(道)라고 하였다. 이 도

---

48) 김용옥, 『노자와 21세기(上)』, 통나무, 2000, p.85.

는 이름조차 붙일 수 없는 도이다. 사람은 땅을 본받고 땅은 하늘을 본받고 하늘은 도를 본받고 도는 자연을 본받는다. 이 노자의 도(道)야말로 초감각적이고 절대적인 것이어서 무엇이라 말로 표현할 수 없는 것이다. 인간도 도로 말미암아 생겨났다가 도(道)로 돌아가야 하는 존재이다.

노자의 사상은 무위자연(無爲自然)사상이라고 할 수 있다. 무위란 자연스런 행위이고 무위의 효용은 인위적 조작이 없는 것을 역설한다. 노자는 유학에서 중요하다고 생각하는 이상적 가치들을 부정한다. 예를 들어 그는 유의 효용성을 부정하고 무의 유용성을 역설하고, 동(動)보다 정(靜)을, 만(滿)보다 허(虛)를, 진(進)보다 퇴(退)를, 성인보다 영아를, 강보다 약을 귀중하게 여긴다. 다음의 글은 『노자 도덕경』 중에서 발췌한 것이다.

「약한 것이 강한 것에게 이기고, 부드러운 것이 단단한 것에게 이긴다는 사실은 누구나 다 들어서 알고 있다. 그런데도, 그것을 처 세상 실천하려고는 하지 않는다.」 (78장)

「세상의 사물이 모두 강대한 것보다 유약한 것이 우위에 서는 것이다.」 (76장)

노자는 부드럽고 약한 것은 단단하고 강한 것을 이긴

다고 했다. 세상에서 물만큼 부드럽고 약한 것이 없지만 단단하고 강한 것을 공격하는 데 물을 능가하는 것이 없다. 물은 뾰족한 바위가 있어도 굽어 돌아 흐를 뿐이다. 또 깨끗한 계곡물이라 할지라도 더러운 흙탕물과 불편 없이 잘 섞인다. 또, 사람들이 싫어하는 지저분한 곳을 지저분하다고 여기지 않고 잘 스며든다. 그러므로, 이것은 도에 가깝다는 것이다.

이렇듯 노자의 생활의 이상은 무위의 교의에 기초를 두고 있으며, 자연주의적이고 반사회적이라고 할 수 있다. 또한 노자철학은 비권위주의적인 해방사상이다.(도올 김용옥) 노자는 우리에게 풍부한 교훈을 던져주고 있다. 그래서 『노자 도덕경』은 우리가 삶을 살아가는 처세술로서의 인생교본이라 할 수 있다. 일례로 '물러나는 것이 나아가는 것이다' 등의 뜻을 함축한 『노자 도덕경』은 심신의학의 명상법을 위한 교재로 쓰이기도 한다. 명상은 현대의 과학 문명시대에서 만병의 원인인 스트레스를 다스리기 때문이라 한다. 생존경쟁 속에서 자신이 뒤쳐진다고 절망할 때, 노자철학은 위안과 평화를 가져다준다. 노자철학이 우리의 일상적인 삶에 많은 영향을 끼쳐왔으며 앞으로도 우리의 정신 세계를 형성하는 데 크게 기여하리라 생각된다.

◈ 생각할 문제 ◈

☞ 노자의 유토피아에 대해서 논해보자.

☞ 노자의 교의는 결국 '너무 지나치지 말라'는 것이다. 이점
에 대해서 생각해 보자.

☞ 노자철학에 있어서 이상적 인간은 '영아'와 같은 인간이
다. 이러한 단순한 생활은 현실에서 가능한가?

15. 『장자』와 가치의 문제

1. 현대는 상대적 가치가 대두되고 있다. 그러므로 이 시점에서 우리는 더욱 주체성의 확립이 필요한 것이 아닐까하고 생각해 본다. 그래서 우선 양면성의 가치를 살펴보자.

인간의 양면가치는 인간사 그 자체이다. 사물을 보는 인간의 눈은 양면적이어서 사물, 역사 등등도 양면성을 띄게 된다. 근원적으로 인간이란 과연 선에서 악으로 타락한 존재인가, 아니면 본성상 악하기에 선을 주구하는 것인가. 선악과란 정말로 신의 유혹이었던가, 아니면 애당초 인간이 만든 스스로의 영상인가.

사회의 한 면인 법조계의 예를 들어보자. 베네딕트라는 독일판사는 40여 년에 걸쳐 무려 4만여 명에게 사형을 선고했다고 한디. '죽여 비려리'는 말을 하는 것이

일과였던 것이다. 그는 매 주일 교회를 빠지는 일이 없고 성경을 50회 이상 통독했음을 자랑으로 삼던 냉혈 판사였다. 그가 어느날 갑자기 숨을 거둔 것은 자신의 애견(愛犬)의 죽음으로 받은 충격 때문이라 한다.[49] 얼마나 아이러니컬한 일인가. 역사에서도 이러한 것은 나타난다.

플라톤이 이데아를 전개하던 아테네의 광장, 아리스토텔레스가 형이상학을 논하던 리케이온의 산책로, 에피쿠로스가 아타락시아(안정된 마음의 상태)를 설파하던 아테네의 정원 등, 이 모든 것 밑에는 숱한 노예들의 잔뼈가 묻혀 있으리라는 것을 우리는 배려해야 한다. 사실 육신의 수고를 대신해 준 이들 노예가 없었던들 그토록 훌륭한 정신의 작업은 불가능했을 것이다.

이러한 일은 현재의 우리의 생활 속에서도 나타난다. 남편의 사회적 출세 뒤에는 아내의 희생적 내조, 학문적 성공을 이룬 사람의 뒤에는 가족의 숨은 노고 등등이 그렇다.

그리고 우리의 일상사에도 "대기는 만성"이라는 위로와 함께 "될성부른 나무는 떡잎부터 알아본다"는 야유

---

49) 문경환, 「양면 가치 산책」, 연대 영어 영문학 연구 제12집 · 13집, 1991. p.130.

를 함께 들으며 산다. "돌다리도 두들겨 보고 건너라"던 사람이 "쇠뿔도 단김에 빼렸다"며 다그치고, "열 번 찍어 안넘어 가는 나무 없다"던 격려가 "오르지 못할 나무 쳐다보지도 마라"는 만류로 돌변한다. 그러므로 과연 "아는 것이 힘"인지 "모르는게 약"인지 알 재간이 없다. 또 여성이 "아니요"라고 말하면, 그것은 "아마도"(perhaps)를 의미하고, 여성이 "아마도"를 말하면, 그것은 "예"를 의미한다는 해학도 있다.[50]

그 외에 세계관을 넓혀 주는 다음과 같은 상반되는 주장들도 있다. "신은 우주를 가지고 주사위 놀이를 하지 않는다"[51]는 아인슈타인의 결정론적 입장과 "신은 우주를 가지고 주사위놀이를 할 뿐이다"[52]라는 우연을 강조하는 양자역학자들의 비결정론적 입장이 있다.

우리의 인간사 자체가 양면적 요소를 갖추고 있다. 그러면 우리는 동양 철학의 고전인 『장자』와 더불어 상대적 가치의 문제를 생각하여 보자.

2[53]인간이 삶을 영위하는 가운데서 갖게 되는 자신만

---

50) 같은 책, pp.131~132. 참조
51) 같은 책, p.133.
52) 같은 책.
53) 이 글은 『Free Space』(93년 8월)에 실렸던 필자의 「무용이 용」(無用의 用)이다.

의 가치관이 갖는 형태는 무수히 많다. 이러한 가치관은 인간의 삶을 인간답게 함에 있어서 미적판단, 지적판단, 기능적판단 등의 기능을 갖게 된다. 우리는 판단을 함에 있어서 하나의 시점에서 판단을 고정시키는 속성이 있다. 그런데 바로 이런 속성으로 인하여 우리는 우(愚)를 범하는 것은 아닐까? 예를 들어 생각하여 보자.

한 마리의 사슴이 시냇물에 비춰진 자신의 모습을 보고서는 자신이 가지고 있는 뿔의 우아한 자태에 경탄과 찬사를 아끼지 않으면서 자신의 존재가치를 스스로 격상시키는 한편, 자신의 볼품없이 가느다란 다리에 대해 불만을 갖고 자신의 가치를 격하시킨다고 생각하게 된다. 그러나 잠시 후 굶주린 맹수에 쫓기게 되고, 나무 숲으로 도피하다가 나무가지에 자신의 뿔이 엉켜서 잡히게 되자 스스로의 무자각을 한탄하게 된다. 여기서 사슴은 미적판단의 관점 하(下)에서 기능적 면에서의 가치를 도외시하고 있다고 할 수 있다. 최소한 사슴에게는 미적판단의 기준에 있어서 가느다란 네 개의 다리는 무용(無用)의 자리에 위치하고 있는 것이다.

이러한 사슴의 경우를 생각하면서 우리 자신도 자신의 가치를 평가해 볼 때, 유용(有用)과 무용을 사소한 가치로 치부해 버려야 할 때가 있다고 생각된다. 그래야만 우리는 자신에 대한 편향된 가치가 아닌 참된 가치를 찾아볼 수 있기 때문이다. 판단에 있어서 유용과 무용은 상대적일 뿐만 아니라, 무용이 없으면 유용도 없게 된다.

자유의 철학을 논한 도가(道家)인 장자[54]는 "무용의 용(無用의 用)"에 관한 예화로 유명하다. 그는 이 예화에서 모든 사물의 가치가 인간의 세속적 가치에 의해서만 판단되어지는 것을 풍자화하고 있다. 즉 세속적 가치의 좁은 식견을 꾸짖고 있다.

춘추전국시대에 송나라의 형씨가 사는 곳에는 가래나무, 잣나무, 뽕나무가 잘 자랐다. 이 나무들이 한줌의 굵기로 자라면 원숭이 말뚝으로 쓰고, 좀 더 굵은 것은 부자들의 관을 만드는데 사용하였다. 그래서 그 나무들은 하늘이 내린 천수를 누리지 못하고 나무꾼이나 목수에 의해서 잘리게 된다. 반면에 가죽나무는 곧게 자라지도 아니하며 딘딘하기가 어느 나무보다 못하기에 목수나 나무꾼이 관심을 두지 않으므로, 천수를 누리며 커다란 고목이 될 수 있었다. 여기서 고대와 현대란 시간의 차이를 넘어 공통적으로 인간에게 직접적으로 필요하지

---

54) 노자(老子)의 사상을 이어받은 당대 최고의 지식인으로서 모든 상식적 통념, 기존의 모든 사상으로부터 벗어난 절대적인 자유의 경지를 추구한다. 노자와 장자의 철학은 노장철학(老莊哲學)이라 한다.

않은 물건에 대해서 인간은 관심을 갖지 않게 되고 쓸모가 없다고 말한다. 그러나 가죽나무는 쓸모가 없기에 자연의 섭리대로 자랄 수 있고 그 생을 마칠 때까지 나무로서의 형태를 유지할 수 있는 것이다. 과연 가죽나무는 무용의 존재인가? 자체로서 가질 수 있는 쓰임(用)은 전혀 없는 것일까? 인간들은 그 큰 나무의 쓸모없음을 걱정하지만 만약 그 나무를 넓은 장소에 심었더라면 그 나무는 그늘진 장소를 마련해 주어 편안한 쉼터를 또한 제공하지 않았겠는가? 이것이 바로 '무용의 용'이 아닐까?

장자의 '무용의 용'에서 인용되는 인물로 '지리소'라는 사람이 나온다. 그는 당대의 추남으로 목이 배꼽까지 늘어지고, 양어깨는 머리 위로 올라오며, 몸의 털이 모두 하늘로 곤두서선 허리는 두 다리 사이에 파묻힌 형상이라 표현되고 있다. 그런 모습의 '지리소'이지만 옷수선, 빨래등으로 연명하면서 점을 치기도 하여 십여명의 식솔을 족히 양육했다고 한다. 전쟁이 나자, 모든 남자가 전쟁터로 징용되고 일부는 피난을 감에도 그만은 유유히 거리를 활보할 수 있었으며, 나라에서 빈민을 구제할 적엔 상급빈민으로 장부에 기재된지라 적잖은 쌀을 제공받을 수 있었다 한다. 그가 과연 쓸모 없는 사람이었을까? 신체적으로 부족함 때문에 사람들의 관심을 끌지도 못했고, 쓸모없는 사람으로 단정지어졌겠지만, 그래도 그는 십여명의 식솔을 족히 양육했다는 것은 쓸모있는 사람이었다는 점을 부정할 수 없을 것이다.

장자가 명가(名家)[55]로 분류되는 친구 혜자와 한참 이야기를 하고 있는데, 혜자가 장자에게 "자네의 말은 다 쓸데 없는 말이야"라면서 반박하였다. 이에 장자는 그에게 "자네가 쓸데 없음을 알기에 내 애기는 「쓸데 있는」것이네. 예를 들어 이 큰 대지 위에 자네가 서 있는 자리, 즉 설 수 있는 것은 겨우 발바닥 밑부분 뿐이지. 그렇다고 나머지는 필요 없는 것이라 하여 발바닥 이외의 땅을 다 파버리면 자네가 선 땅덩어리는 존재가치가 있다고 여기는가?"라고 말하였다고 한다. 자신이 서있는 자리의 땅을 제외하고 모두 파내면, 자신은 오도가도 못함은 물론이거니와 땅이 밑으로 무너지는 것은 당연한 일일 것이다. 결국 쓸모 있음(用)은 쓸모 없음(無用)의 기초 위에 세워지는 것이다.

무용과 유용은 현대의 생활 속에서 사물과 현상을 자신들이 어떻게 받아 들이는가 혹은 실현시킬 수 있는가

---

55) 제자백가의 하나이다. 명가의 한 사람인 공손룡의 '백마(白馬)는 말(馬)이 아니다'는 유명하다. 이 명가는 논리학의 발달에 많은 영향을 끼쳤다.

에 따라서 달라질 것이다. 이러한 논변에 의하면 학문의 유용과 무용도 상대적이다. 가끔 사람들은 살기 바쁜 세상에 사상을 논하는 것은 어불성설(語不成說)이 아니냐고 한다. 그러나 학문의 유용성은 하나의 단면만으로 보고서는 평가할 수 없는 것이다. 그러므로 교육도 지식의 전수만이 아니라 함께 생활함 그 자체이다. 바람직한 교육은 생활 속의 교육이어야 하는 것이다.

무용의 용(用), 유용의 무용(無用)은 인간 관계에도 적용시킬 수 있을 것이다. 자신과의 관계에 있어서 무용이라고 생각되고 판정지어졌던 사람이, 혹은 배려하지 못했던 사람이 어느 시점에서 유용의 관점에 있는 경우를 경험해 보았을 것이다. 하나의 예로 우리는 만남이란 관계를 유지하고 있을 때는 서로가 상대에 대한 필요성이나 절대성을 인식 못하다가도, 만남의 관계가 단절된 시점에서부터 상대의 필요성과 절대적 가치에 대한 인식이 달라지게 되는 것은 아닐까? 부모, 형제, 애인, 친구 등 가까이 있던 사람의 부재(不在), 그것은 우리에게 유용의 가치에 대한 새로운 자각을 갖게 하기도 한다. 우리는 장자의 예화에서 세속의 가치관을 초월하여 한차원 높은 가치관을 소유할 수 있을지도 모른다. 이러한 희망은 우리에게 유유자적한 삶을 제시하여 마음의 평안을 다소 얻을 수 있게 해 준다는 것을 부정할 수 없다. 우리는 타인의 존재가치를 한 방향의 관점에서만 바라보고 있는 것은 아닌지, 또한 자기중심적 사고방식만을 고집하여 아집에 빠져들고 있는 것은 아닌지를 자문해 보아야 할 것이다. 타인의 가치를 존재하는 그대로 받아들일 수 있도록 노력해야 함은 물론이거니와, 자신에 대한 평가의 기준이 되는 가치관을 정립할 수 있어야 할 것이다.

우리가 삶을 살아가고 삶의 일부분으로 동화되어가는 과정에서, 스스로의 심오한 가치영역의 확대를 이루어 나갈 수 있을 것인가? 이를 위해서 우리는 어떻게 지향할 것인가? 무용과 유용의 가치관을 초월하여, 자신과 타인, 모두를 관용의 마음으로 포용할 수 있도록 노력해야 할 것이다.

◈ 생각할 문제 ◈

☞ 상대적 가치관

☞ 인간 존재의 참된 가치는 무엇이라고 생각되는가?

☞ 장자는 모든 존재의 근원이며 일체의 변화를 지배하는 근본 원리를 도(道)라고 하였다. 이러한 도에 대해서 어떻게 생각하는가? 만물의 근원은 도인가?

☞ 장자는 삶과 죽음을 상대화하고 기쁨과 즐거움의 감정도 상대화한다. 이 점에 대해서 생각하여 보자.

☞ 유학이 대체로 중국사상사의 양지(陽地)를 장식해 온 데 반하여 노장철학은 음지에서 그 이면사를 이룩해 오는 데 기여하였다.56) 이러한 두 입장에 대해서 고려하여 보자.

---

56) 윤사순, 『동양사상과 한국사상』, 을유문화사, 1992, p. 24.

제 Ⅴ 부   교육과 윤리

16. 『에밀』과 여성교육론

장 자크 루소(1712~1778)는 독창적이고 난해하며, 영리하고 시적이며, 때로는 심술궂고 엉뚱하기도 했다고 한다. 그는 신학과 정치에 접근하는 기초로서 이성보다는 감정을 강조하려고 하였다.

루소는 교육을 받은 경험이 없고 거의 독학으로써 자기의 교양을 구축하였다. 그는 자신의 생모가 자기를 낳은지 열흘만에 사망하여서 6살까지는 숙모의 손에서 자라났으며, 소년기에는 떠돌아 다니는 신세였다. 그는 1745년 하숙의 식모 테레즈를 만나 결혼하지 않고 살면서, 그와의 사이에 다섯명의 아이를 낳았다. 그 아이들은 모두 고아원으로 보내졌으며, 나중에는 그 아이들 행방을 모두 모르게 되고 말았다.

루소는 스스로를 타고난 작가로 생각했다. 그에게는

천부적인 단어 구사력의 재능이 있었다. 그가 쓴 『에밀』은 5부로 나누어져 있다.

제 1부는 2, 3세까지 본능적인 욕구의 만족을 구하는 감각의 시기로서, 첫머리에 "창조주의 손으로부터 나올 때 사물은 무엇이든 다 잘 되어있지만, 인간의 손으로 넘어갈 때면 무엇이든 다 못쓰게 된다"는 구절로 시작하여 자연으로부터 배우게 하라는 메시지를 전달한다. 제 2부는 3세부터 12세까지의 시기로서 소극적 교육의 실시단계이다. 제 3부는 12세부터 15세까지의 소년기로서, 이성의 훈련, 지성의 형성기이다. 이때는 문제를 제출해서 자신이 그것을 해결하게 하여야 한다는 것이다. 제 4부는 제 2의 탄생에 해당한 청년기로서 15세부터 20세로서 도덕적 종교적 감정의 육성의 시대이다. 제 5부는 결혼의 시기로서, 루소는 에밀의 성장과 함께 에밀이 겪게 되는 감정 교육도 소홀히 다루지 않았다. 즉 에밀이 성장하여 청년기에 접어늘었을 때, 루소는 에밀에게 이상적인 여성을 만나게 한다. <소피이>라는 이상적인 가공의 여성상을 설정하여 남자가 여자를 사랑하는 방법, 여자가 남자를 사랑하는 방법을 가르친다. 여기서는 오늘날 페미니스트들이 비판하는 여성교육론이 제시된다. 루소는 "남성은 능동성이 강하고 여성은 수

동적이며 약하지 않으면 안 된다"[57]고 하면서 "여자는 특히 남성의 기분에 들도록 만들어 졌다고 할 것이다. 남자 편에서도 여자의 기분에 들도록 하지 않으면 안된다고 하지만, 그것은 그렇게 직접적으로 필요한 것은 아니다. 남성의 가치는 그 힘 속에 있다…. 여성은 기분에 맞도록 또는 정복되게 태어난 것이라 한다면 남성에게 반발하는 것은 하지 말고 남성에게 호감을 주도록 하지 않으면 안된다. 여성의 위력은 그 매력에 있다."[58] 계속해서 루소는 여성의 지적 교육에 소극적이며 여성은 좋은 아내이며 좋은 어머니면 좋다라고 하며 "여자의 교육은 남자와 관련시켜 계획되어야 한다"[59]고 하였다. 루소는 여자는 남자에게 봉사하고 남자를 행복하게 하기 위한 교육을 받아야 한다고 보았다. 그는 모범적인 예로서 고대 그리이스 여자의 경우들을 들었다. 루소는 계속해서 『에밀』의 제 5부에서 "여아에게는 일찍부터 읽기를 가르칠 필요가 있는가.…… 여가도 있고 기회도 있는데 그들은 강제하지 않으면 배우려 하지 않는다"라고 서술하였다. 자유에 대한 자신의 이상을 내세워 '사회계약론'을 주창한 루소가 여성교육론에 대해서는 전

---

57) 루소(김평옥 역), 『에밀』, 예문당, 1990, P.312.
58) 같은 곳.
59) 같은 책, P.316.

근대적 요소기 함축되어 있다고 하겠다. 『에밀』이 출간된 후 전원교육이 유행할 정도로 그 당시 루소의 교육론은 인기절정이었다. 그러나 그의 교육론은 얼마나 현실성이 있는가? 물론 그의 교육론의 주제는 인간론이며 그의 독창성은 '아이들의 천성발견'이라고 할 수 있다.

우리의 모든 교육 사상은 『에밀』에 나타난 사상의 영향을 직접적·간접적으로 받고 있다. 현재 미국은 120만명의 중고생들이 가정에서 교육을 받아 '홈 스쿨링 천국'이 되었다고 한다(1997년). 이는 학교폭력이나 학습의 흥미도 등을 생각해서 학교를 떠난 학생들이 가정에서 인근의 몇몇 학생들과 같이 교육받는 것이다. 부모들은 적절한 커리큘럼을 짜서 지역 학교로부터 허가를 받아야 하는 것이다. 그러나 최근 이것은 역현상을 불러일으키고 있다고 한다. 학생들이 다시 기존의 학교로 돌아오고 있다는 것이다. 인간은 사회적 동물이므로 단체생활을 소흘히 할 수는 없는가 보다. 한국의 중등교육도 열린교육의 실시로 많은 교육 개혁이 일어났지만, 간혹 '흔들리는 교정'의 모습도 나타나고 있다. 이는 체계적인 인문학과 다양한 기초 교양 과목의 부재로 창의적이고 지혜로운 인간교육이 되지 못하고 있는 것이라 생각된다. 미래 지향적 인간 교육은 지능지수(IQ)보다 감성지수(EQ)를 높일 수 있는 다양한 커리큘럼의 제도가 뒷받침되어야 한다.

◈ 생각할 문제 ◈

☞ 영국의 폴 존슨이『벌거벗은 지식인들』에서 내린 결론은 '지식인을 조심하라!'였다. 예로 교육론의 고전『에밀』을 쓴 루소는 33년간 정부였던 여인을 육체적으로 학대하면서 둘 사이의 아기 다섯명을 고아원에 버렸다. 존슨은 지식인들의 이론과 실천의 불일치 때문에 지식인을 믿어서는 안된다는 것이다. 과연 그렇다고 볼 수 있는가?

☞ 루소는「산트·마리전의 교육안」에서 '아이에게 체벌을 가해서는 안 된다'고 하였다. 체벌에 대한 찬반 입장을 논해보자.

☞ 호주의 헌터 유전학 연구소의 터너 박사는 '지능결 정 X 염색체가 모계유전' 이므로 아들 머리 나쁘면 엄마 책임이라고 말한다. 이것은 여성교육의 중요성을 의미한다. 신빙성이 있어 보이는가?

17. 『윤리학』과 도덕 실재론

도덕 실재론이란 도덕의 본성 및 지위에 관한 형이상
학적 입장이다. 그래서 도덕 실재론자들은 도덕적 사실
과 참인 도덕적 명제가 존재함을 주장한다. 그들은 상대
주의자와는 달리 객관적인 사실과 객관적인 진리를 주
장한다.[60] 우리가 도덕적 사실이 존재하는 것처럼 행동
하는 한, 상식적인 도덕적 사유는 도덕 실재론을 지지한
다. 이러한 도덕 실재론은 가능한가? 도덕 실재론에 대
한 전통적 반대자들은 허무주의자이다. 이들은 넓은 의
미에서 회의주의자라 할 수 있다.

도덕 실재론의 수용은 종종 현상론에 근거하여 옹호
되어 도덕적 삶의 현상은 윤리학의 객관성을 지니고 있
다고 한다. 그러나 우리의 현실은 도덕적 사실의 가히

---

60) Brink, *Moral Realism and the foundations of ethics*, Cambridge Univ. p., p.14.

알 수 없는 본성 탓으로 점차 반실재론으로 나아가고 있다. 또한 우리는 도덕적 고려사항을 알면서도 그에 따라 행동하지는 않는 무도덕주의자(amoralist)에 대해 어떻게 반응해야 하는가의 문제가 존재한다.

무도덕주의자는 자기 태도를 표현하거나 타인에게 영향을 주겠다는 의도가 전혀 없고, 이 입장은 현대 사회에 만연된 실상이라고도 할 수 있다.

이러한 상황에서 도덕 실재론이 맞닥뜨리는 어려움은 무엇인가? 여기에 상대주의는 도덕판단에서의 차이를 어떻게 설명할 수 있느냐고 묻는다. 상대주의자들에 의하면 어떤 특수한 행동들에 대한 도덕 판단들이 한 공동체 내에서도 격렬하게 서로 다르다는 것이다. 그러므로 도덕판단에 대해 객관적이고 인식가능한 참에 대해 이야기하는 것은 무의미하다는 것이다. 상대주의들은 도덕판단은 관습의 결과이고, 독립적인 객관적 실재(reality)를 갖지 않는다는 것이다

매키(J. L. Mackie)는 『윤리학』이라는 저서에서 "도덕적 가치는 존재하지 않는다"라고 함으로써 도덕적 회의주의를 견지하였다. 그리고 그는 도덕적 회의주의를 다른 이름으로 주관주의라고 하면서, 그의 도덕적 회의주의는 많은 사람들이 존재한다고 믿는 실재, 객관적인 가

치나 요구사항 등이 존재하지 않는다는 부정적 입장을 취하였다. 이러한 도덕적 회의주의는 상식에 반대하는 입장이다.

실제로 플라톤 이래의 서구 도덕 철학 전통은 도덕적 가치는 객관적이라는 입장과 도덕적 판단은 규정적, 즉 행위 안내적이라는 주장을 결합시켜 왔다. 즉 가치 자체는 규정적이고 동시에 객관적인 것으로 간주되어 왔던 것이다. 예를 들어 플라톤의 선의 이데아, 칸트의 순수 이성 등이 그렇다. 그러나 과연 가치가 어떻게 객관적일 수 있는가를 이해할 수 있는가? 칸트와 플라톤 모두 가치 인식의 어려움을 고백하고 있다. 객관적 가치의 인식의 어려움이 바로 도덕적 회의주의자들이 가치 객관성을 부인하는 강력한 이유가 아니겠는가?

또한 도덕적 사실이 존재함을 주장하므로써 참된 악을 이해불가능한 것으로 만드는 도덕 실재론은, 진정한 악인은 존재 불가능하다는 지나친 낙관주의가 아니냐는 비판을 어떻게 해소할 것인가? 이런 것들이 앞으로의 우리들이 다뤄야 할 논쟁점이 아닌가 생각된다.

◈ 생각할 문제 ◈

☞ 도덕불감증에 대해 생각하여 보자.

☞ 모든 사람이 인정하는 보편 타당한 객관적 가치는 존재하
는가?

☞ 사회사학자 크리스토퍼 래시는 미국사회의 병폐는 엘리트
잘못때문이라고 한다. 왜냐하면 엘리트들은 자신들의 성공이 스
스로의 노력으로 이뤄진 것으로 착각하기 때문에 다른 사람들에
대한 도덕적 의무에 무감각해진다는 것이다. 이러한 주장에 동의
할 수 있는가?

☞ 피아제는 도덕지능(도덕지수, MQ)을 강조한다. 하버드대
콜스 교수도 도덕지능(Moral Intelligence)을 강조하면서 그가
제시한 이상적 인간형은 친절한 사람이라고 한다. 어떻게 생각하
는가?

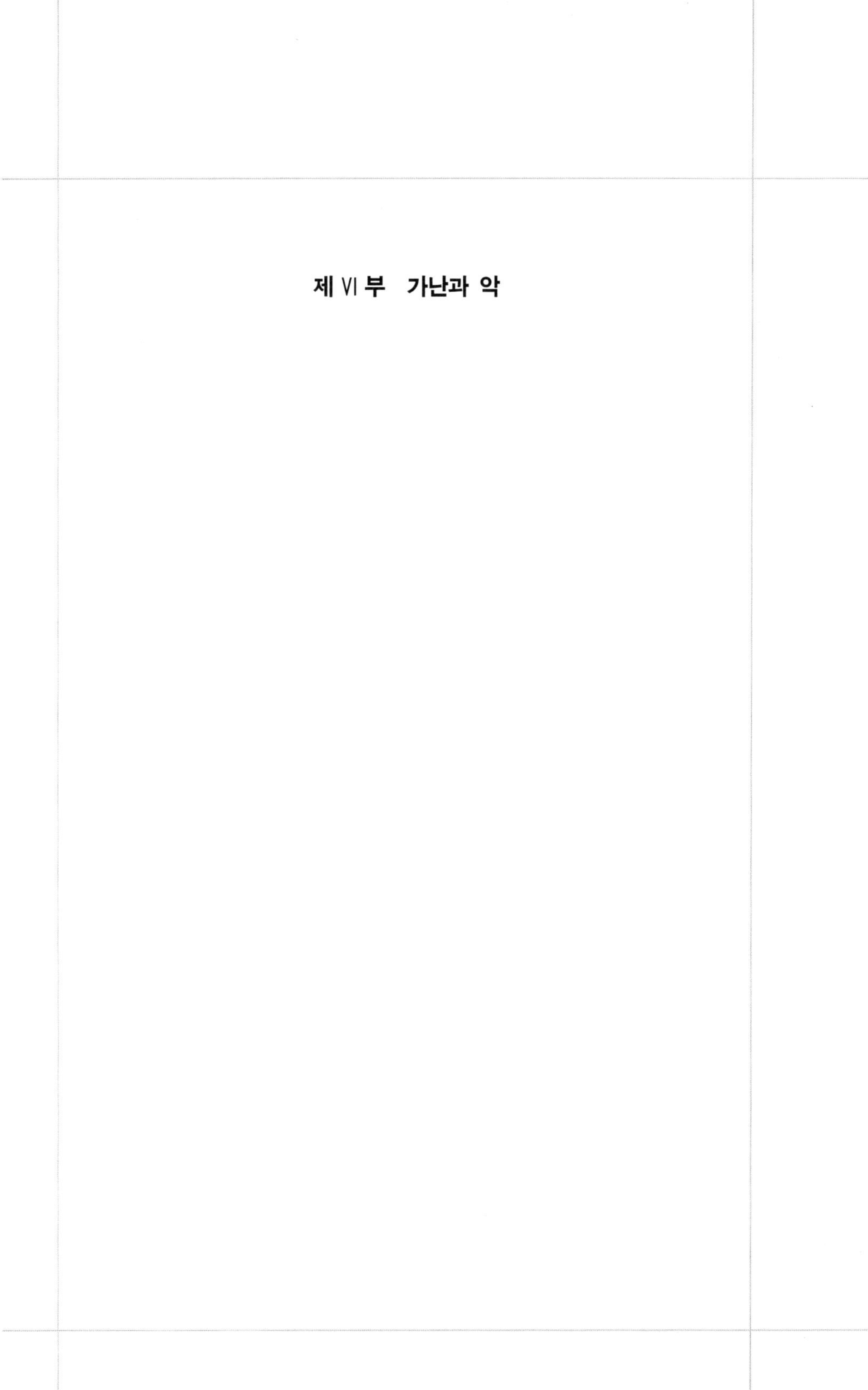

제 VI 부 가난과 악

제 VI 부 가난과 악

18. 『운수 좋은 날』과 사회적인 모순

『운수 좋은 날』(1924)은 빙허 현진건(1900~1943)의 대표적 작품이다. 이 작품을 통해 우리는 식민지시대 가난한 우리 민중들의 생존 욕구에 참담함을 느끼게 된다.

직품의 배경은 일제시대로, 주인공 김첨지는 인력거를 끌며 근근이 생활을 꾸려 나가고 있다. 비가 추적추적 내리는 어느 날, 인력거꾼 김첨지는 근 열흘 동안 돈 구경도 못했던 차에, 돈을 많이 벌게 되어 그 날을 운이 좋은 날로 여기게 되지만, 그 날은 또한 사랑하는 아내를 잃게 되는 운수 나쁜 날이 되어버린다는 역설적 내용이 작품의 줄거리를 이루고 있다.

오랜만에 돈을 손에 쥐게 된 김첨지는 탁주는 물론이고 의사에게 보이지도 못한채 달포째 앓고 있는 아내에게 먹고 싶다는 설렁탕 한 그릇을 사줄 수 있다고 생각한다.

집에서 멀어질수록 자꾸 돈을 벌게 된 김첨지는 그날 아내가 자신이 많이 아프니까 빨리 들어오라는 부탁이 생각나자 이유없이 불안에 휩싸이게 된다. 집으로 가는 길에 그는 친구 치삼을 만나 빈대떡, 추어탕, 막걸리를 먹고 설렁탕을 사들고 집으로 향한다.

그러나 김첨지가 집에 돌아왔을때는 아내는 이미 죽어있고, 세 살배기 젖먹이는 빈 젖꼭지만 빨고 있었다.

작품은 다음과 같이 끝을 맺는다.

"설렁탕을 사다 놓았는데 왜 먹지를 못하니, 왜 먹지를 못하니…… 괴상하게도 오늘은 운수가 좋더니만……"

겹치던 행운은 결국 불행의 조짐이었다. 이 작품은 찌든 생활고 속의 서민들의 살아가는 면모들이 엿보였고, 아내의 죽음과 그의 운수가 대조를 이루며 어우러져 있다. 그 시대의 우리 민족의 삶이 얼마나 비참한 지경이었는가를 새삼 느끼게 한다. 가난한 민중의 삶에 대한 사회적 고발이다.

또한 작품 속에 나타난 시대상은 하나의 모순된 역사였다. 그 역사 속에는 계층간의 갈등이 암암리에 내포되어 있다. 우중에 우비도 없이 인력거꾼이 다른 사람을 인력거에 태우고 달리는 것 자체가 모순된 사회상이 아니겠는가? 사회 구조상의 모순은 작품 속의 조그마한 실례에서도 나타난다고 본다. 서양에서는 유례없는 교통수단이 동남아 지역을 비롯하여 일본, 중국, 한국에서는 행하여지고 있지 않았는가? 서양의 초기 교통수단은 마차였다. 19세기 후반에 일본이 서양마차를 모방하여 고안한 것이 인력거라고 한다. 이러한 인력거는 환자수송이라든지 특별한 행사 같은 경우 이외는 존속의 타당한 이유가 될 수 없지 않겠는가? 이러한 교통 매개체의 존속은 암암리에 배금주의, 타인에 대한 자신의 과시, 신분차별제 등 전근대적 현상을 내포하고 있는 것이 아닐까?

식민지 시대, 그 당시는 하층민의 생활고를 위한 여러 방면의 사회적·경제적 해결책이 있어야 했다. 암울한 사회상황에서는 전반적인 현실변혁과 극복이 이루어져야하고 모순된 역사 또한 개혁되어야 하지 않을까?

이 작품은 이러한 의미에서 하층 노동자의 생활상의 단면을 사실주의적 수법으로 밝히고 있다는 것에 큰 의미를 부여할 수 있을 것이다.

◈ 생각할 문제 ◈

☞ 이 작품과 같은 절대빈곤과 오늘날의 상대빈곤의 상태에 대해서 생각하여 보자.

19. 『탈출기』와 사회변혁

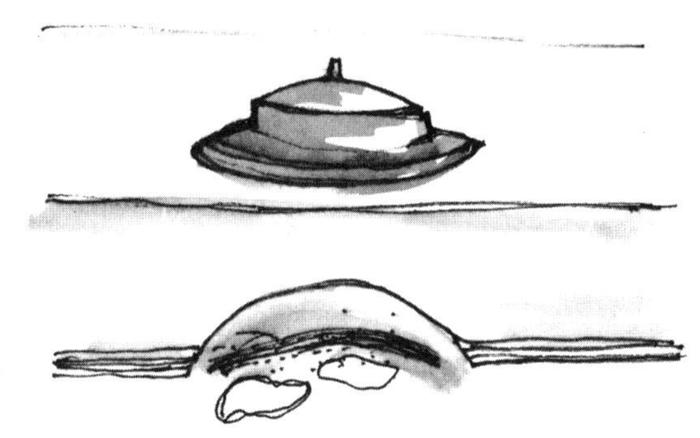

　이 작품은 민중을 역사의 주체로 자각하게 하는 카프 (KAPF) 예술 운동가 중의 한 사람인 최서해(1901~1932)의 빈궁문학이다. 작가 최서해는 『탈출기』에서 일본에 의한 식민지시대의 찢어지게 가난한 민중의 삶을 적나라하게 묘사했다.

일찍이 양친을 여의였던 최서해 자신의 삶은 가난으로 점철된 삶이었으므로, 이 작품은 주인공을 통해서 작가 자신의 생생한 체험을 표현한 것이라는 것을 쉽게 알 수 있다.

이야기는 주인공 박군이 김군에게 자신이 가정을 탈출하지 않을 수 없었던 까닭을 설명하는 편지 형식의 1인칭 시점의 글이다. 박군은 절박한 생활고에 견디다 못해, 가족을 데리고 간도에 가지만 그의 부푼 꿈은 사라지고 만다. 온갖 수탈 후에 남은 것은 모욕과 추위와 굶주림 뿐이었다. 간도에서 그들은 온갖 일을 하지만 아무리 애써도 면할 수 없는 가난에 치를 떤다. 그것은 식민지시대 최소한의 생존마저 거절당했던 우리 겨레의 한 맺힌 울변이었다. 극한 가난의 묘사를 들어보자.

　이틀 사흘 굶은 적도 한두 번이 아니었다. 한번은 이틀이나 굶고 일자리를 찾다가 집으로 들어가니 부엌 앞에 아내가─아내는 이 때에 아이를 베어서 배가 남산만 하였다.─무엇을 먹다가 깜짝 놀란다. 그리고, 손에 쥐었던 것을 얼른 아궁이에 집어 넣는다. 이 때 불쾌한 감정이 내 가슴에 떠올랐다.

　"무얼 먹을까? 어디서 무엇을 얻었을까? 무엇이길래 어머니와 나 몰래 먹누? 아! 여편네란 그런 것이로구나! 아니, 그러나 설마…… 그래도 무엇을 먹던데."

　나는 이렇게 아내를 의심도 하고 원망도 하고 밉게도 생각하였다. 아내는 아무 말 없이 어색하게 머리를 숙이고 앉아서 씩씩하다가 밖으로 나간다. 그 얼굴온 좀 붉었다.

　아내가 나간 뒤에 나는 아내가 먹다 남은 것을 찾으려고 아궁이를 뒤지었다. 싸늘하게 식은 재를 막대기로 뒤져대니 벌건 것이 눈에 띄었다. 나는 그것을 집었다. 그것은 귤껍질이다. 거기는 베어 먹은 잇자국이 났다.

　귤껍질을 쥔 나의 손은 떨리고, 잇자국을 보는 내 눈에는 눈물이 고였다.……61)

이와 같은 것은 결국 일본 식민지 통치 아래서 처참했던 생활고(生活苦)가 절실하게 표현된 부분이다. 이러한 비참한 가난의 실상은 사회 제도상의 모순으로 인한 사회악에 대한 고발이 아니겠는가?

아무리 노력하여도 가난에서 벗어날 수 없으며 더욱이 자기가 노력한 만큼의 대가가 없는 현실. 그 현실은 부조리한 현실인 것이다.

결국 주인공 박군은 그 동안 세상을 믿고 산 것이 잘못임을 깨닫고 '나쁜 제도'를 무너뜨리기 위해 집을 떠나 ××단에 뛰어 들어 사회변혁 운동을 하게 된다는 것이다.

소극적이고 수동적인 삶보다는, 가끔씩 우리는 적극적이고 능동적인 삶을 살아야 할 필요성이 있는 것이

---

61) 김우규, 「한국명작단편의 이해 Ⅰ」, 종로서적, 1984, pp. 151~152.

아닐까? 아무리 애를 써도 바뀌지 않는 현실, 그 현실에 근원적인 대책이 필요한 것이다.

◈ 생각할 문제 ◈

☞ 작품에서 친구 김군은 박군과 생각이 다르다. 김군은 박군이 고생하고 있는 가족과 이별하고 투쟁하러 나선 것을 반대하였다. 박군의 탈가(脫家)에 대해서 어떻게 생각하는가?

☞ 21세기를 준비하고 있는 우리는 사할린 등지 같은 곳에 끌려간 한인 동포에 대한 생활대책을 생각하여 보아야 하지 않겠는가? 그 구체적 방안은 무엇이겠는가?

☞ 선진국 미국도 북한의 결식자 960만 명보다 훨씬 더 많은 1100만 명이라는 인구가 끼니를 채우지 못하고 있다. '풍요 속의 빈곤'이라 할 수 있다.(News＋ 97) 가난은 악인가? 아니면 극복의 대상일 뿐인가?

☞ 다음 글은 장년의 현역 북한 작가가 1997년 여름 중국 동북지방을 여행하기 위해 북한을 떠나면서 직접 목격한 북한 주민의 참상을 기록한 것이다. 읽고 생각해 보자.

‘집을 팔고 가산을 깨끗이 정리한 거처지 없는 사람들이 900여 개 되는 철로 역전 대합실을 생활의 둥지로 리용하기 시작한지 이제는 3년이 된다.

크고 작은 역전 대합실 중에서 하루 려객이 80명 정도 드나드는 자그마한 역에도 수없이 많은 사람들이 모여들어 각일각 죽음을 기다리고 있다. 례년에 드문 더위로 7월의 뙤약볕을 피해 찾아든 곳이 여기인 듯.

나는 대합실 안에 발을 들여놓는 순간 숨막힐 듯한 악취에 취하는 듯 싶었다. 그래도 한발 두발 안에 들어서니 인차 그 탁류에 잠겨들어 대충 정신을 수습했다.

벽을 따라 몇 개 들여놓은, 빈대가 기어 다니는 딱딱한 나무의자 우에 올라가 누운 사람은 기력이 있는 사람들이다.

맨 봉당에 발 옮길데 없이 촘촘히 누운 사람들, 늙은이 중년 젊은이들 어린아이들, 남녀 구별없이 자리 나는 대로 촘촘히 누워있는 사람들…. 저쪽 구석에 쪼그리고 누운 30대의 녀인, 핏기가 가셔져 파아란 얼굴색으로 누워있는 그 녀인은 마치 어린 소녀애를 방불케 하며 죽은 듯 기척이 없다.

앞쪽에서 간신히 『물 물』 하는 소리가 들린다. 환갑 나이가 된 듯 싶은 파리한 할머니가 죽음의 문턱에서 마지막 소원인 듯 초들 초들 말라드는 입술을 감빨며 간신히 말하나, 들어주는 사람이 없다. 잠시 후 나타난 역 안내원 처녀가 그 옆을 지나며 투덜거리듯 말한다.

『죽것으면 다른데 가서 죽을게지, 매일 이 고생이야…』

그러자 죽은 듯이 벽에 기대 앉아 있던 중년 사내가 눈을 게슴츠레 뜨며 내뱉듯, 그러나 똑똑히 말한다. 『넌 뒷고방으로 배급을 타는 게구나. 죽어가는 사람이 죽고 싶어서 죽겠니』…

식량공급을 하지 못한지 3년 로동자 사무원들에게 로임을 주지 못한지 2년. 로동자 사무원의 로임을 준다고 해도 한달에 평균 76 원인데, 쌀 1kg값이 90원, 빨래 비누 한 장 값이 60원이다. 굶고 앉아 있는 사람들에게 돈이 조금 생긴다 해도 빨래해 입겠다고 비누 살 사람은 수백명 중 한명도 없을 게다.…

그러는 새 대합실 뒤쪽에서 철도화물 밀차가 굴러나온다. 앞채를 두 녀석이 끌고, 뒤에는 삽두개를 어깨에 멘 녀석이 따라섰다. 지난 밤에 죽은 남자 한명과 녀자 두명을 한 밀차에 실고 나온다. 누구 하나 관심도 없고 똑똑히 보려는 사람도 없는 이 령구차는 도적질하거나 그외 일로 역두 안전부에 단속된 범죄자들의 손에 끌려 사람들 속을 헤집고 나오고 있다.

퀭한 눈을 뜬채로 입을 앙 벌린 40대 남자의 시체 옆에 가지런히 30대 녀인이 누워있고, 어느 학교의 문학 교원이었다는 30대 녀인이 남자 시체 우에 엎드려 있는채 실려가고 있다. 살아 있을 때는 서로 이름도 모르고 살았을 저 교원이 죽어서는 부끄럼도 없이 외간남자와 배를 맞댄 채 지옥행 길로 가고 있는 것이다.

그래도 숨쉬는 많은 사람들은 누구 하나 그에는 관심이 없다. 매 시간마다 당하는, 이제는 너무 평범한 일이 된 때문일까?

나는 살아 있는 저 군상들과 끌려가는 시체를 퀭한 눈을 들어 바라보며, 가슴 속에서 흘러나오는, 당장 피를 토할 듯 목구멍에 비릿한 냄새를 느끼며 속으로 부르짖듯 외치고 싶다.

『이게 다 누구의 죄인가? 누구 때문인가?』

온 세상이 다 알도록 소리높이 천동소리 같이 외치고 싶다.'

─ 뉴스플러스, 1997. 9. 18.

20. 『레디메이드 인생』과 자기부정

　한국 단편 작가 중 작품에서 풍자적인 면이 있는 작
가는 채만식(1904~1950)이다. 채만식은 『상록수』를 쓴
심훈, 『탈출기』의 최학송 등의 신경향파(카프)의 흐름을
반영하면서 그 나름대로 독특한 사회주의적 경향이 짙
은 글을 썼다. 그의 작품 『치숙』은 식민지 시대의 지식
인의 수난과 좌절을 그린 것이다. 이 작품은 풍자와 아

이러니를 띠는 1인칭 독백체이며, '치숙'(痴叔)이라는 말은 '어리석은 아저씨'라는 뜻이다. 내용은 다음과 같다.

화자(話者)인 '나'는 소학교도 제대로 나오지 못했으나 일본인 가게에서 점원으로서 있으면서 앞날의 희망도 꿈꿔 볼 수 있지만, '나'의 아저씨는 대학교까지 졸업하고도 막벌이 노동밖에 할게 없다고 비난한다.

그러나 작품은 '나'의 가치관이나 인생관이 모두 일본인 주인에게서 얻어들은 것이라는 사실을 염두에 두고 있어, 겉으로는 아저씨를 헐뜯지만 내심으로 아저씨를 두둔하고 오히려 자신의 천박한 세속적 면을 비꼬았다.

사실 일제 식민지 시대에 있어 사상범으로 5년간의 옥고를 치른 지식인이라면 그 아저씨는 조롱의 대상이 아니라 오히려 존경의 대상이 아니겠는가? 작품에는 어떻게 왜곡된 역사 인식과 가치관을 개혁시켜야 하는가가 암시되어 있다. 또한 그 아저씨는 방탕한 생활을 하고 나중에는 감옥에 다녀와서 병까지 걸려 직장도 없이 방 안에 누워만 있게 된다. 이는 일제치하의 실패한 지식인의 단면을 여실히 드러내는 부분일 것이다.

주인공 나는 식민지 근성에 대한 자기비판을 역설적으로 하고 있음이 작품 전체의 흐름에서 느낄 수 있다.

실패한 지식인의 상을 서술한 또 하나의 작품은 『레디메이드 인생』(1934)이다. 채만식의 작품 중 가장 널리 알려진 단편인 '레디 메이드 인생'이란 'Ready -Made인생', 즉 팔려가길 기다리는 인생이라는 뜻이다.

주인공 P는 결혼해서 9살짜리 아들까지 두었으나 아내와 이혼하고 아들을 시골의 형님 집에 맡겨둔 채 홀몸으로 서울로 올라와 무위도식하는 인텔리 출신의 고등 실업자이다.

P는 어느 신문사 K사장을 찾아가 취직부탁을 하지만 K사장은 '뭐 어디 빈자리가 있어야지'하면서 P가 농촌으로 돌아가서 문맹퇴치 운동을 하든가 생활개선 운동 같은 것을 하라고 건성으로 대답한다. P는 방세가 밀리고 밥값도 제대로 없는데 설상가상으로 그의 형은 그에게 아들을 돌려보내겠다고 한다. 이런 와중에 M과 H라는 친구들이 찾아오나 그들도 비슷한 처지들이어서 한 친구의 법률 서적을 저당잡혀 돈을 마련해서 그들은 술을 마시고 유곽에 간다. 거기서 만난 어린 작부는 단돈 이십 전에 몸을 팔겠다고 한다. 그 어린 작부에게 주인공 P는 돈을 다 던져주고 도망쳐 나온다.

잘못된 가치관, 사회에 만연된 폐습, 끊임없는 불만이

곳곳에 드러나는 작품이다. 일본의 통치하(下)에서의 잘못된 사회풍조와 무기력한 지식인의 모습을 작품은 확연히 보여주고 있는 것이다.

주인공 P는 마침내 어린 아들 창선이를 인쇄 공원으로 취직시킨다. 학교를 다니게 해서 자신의 전철을 밟지는 않도록 하겠다는, 즉 아들을 지식인으로 만들지 않겠다는 것이다.

이 작품에서 P는 '자기부정'의 단계에 이르러 '허무주의'를 극복하지 못하며 힘써 모순의 근본적 제거를 이루어내려는 노력을 하지 않는다.

자신이 무시되는 것같아 비싼 해태 담배를 사는 객기를 부리는 지식인 P의 모습과 굶으면서도 육체 노동에 뛰어들 결심은 전혀 해보려 하지않는 그의 삶의 태도는 식민지의 시대상과 함께 휘청거린다.

◆ 생각할 문제 ◆

☞ 현실에 적응하는 삶이 반드시 바른 삶인가?

☞ 『레디 메이드 인생』의 주인공 P의 어린 아들 창선이에 대한 태도는 어떻다고 생각되는가?

☞ 사회적 제도의 모순상은 어떻게 극복해야 된다고 보는가?

☞ 왜곡된 역사 인식과 가치관의 문제

21. 『욥에 대한 주해』와 악의 문제

인간의 삶의 세계에는 무수히 많은 나쁜 것들이 존재
한다. 불의, 부정, 부패, 살인, 강도, 강간 등의 범죄, 부
정직, 잔인함 등과 같은 도덕적 악행, 그리고 전쟁, 불평
등, 자연의 재난, 무지와 질병과 죽음과 추함 등등, 인간

의 역사는 이러한 악들의 제거과정이며 선의 실현노력이라고도 한다.[62]

그러면 이러한 악의 문제를 어거스틴[63](354~430)과 토마스(1225~1274)는 어떻게 묘사했는가를 알아보자.

철학자 어거스틴은 기독교의 관점에서 악을 체계적으로 다루었는데, 그는 악은 결핍이나 부족이라고 하였다. 이것은 악의 일반적 정의로 많이 쓰이고 있다. 그리고 그는 악은 신에게서 유래하지 않는다고 보았다. 악은 인간의 의지에서 유래한다고 본다. 그래서 어거스틴은 자유의지가 모든 악의 원천이라고 명백하게 가르친다.

그는 지상의 사랑을 버리고 신을 찬미하게 되는 자기 생애의 정신적 여정을 담은 『고백록』[64]에서 "선이 있는 곳에는 악이 없다"라고 하였다.

악의 문제에 관한 한 어거스틴의 관점과 상당한 유사성이 있는 토마스아퀴나스의 관점은 어떠한가를 알아보자.

천사와 같은 대학자로서 '천사박사'라는 존칭을 받았던 토마스아퀴나스는 죄가 반드시 이생에서 고통을 수

---

62) 한국정신문화연구원 편, 『악이란 무엇인가』, 도서출판 창, 1992.
63) 아우구스티누스를 의미한다.
64) 젊은 날의 방황과 종교적 모색을 기록한 책. 루소의 『고백론』, 톨스토이의 『참회록』과 더불어 서양의 3대 참회록이다.

반힌다고 말할 수 없다고 하였다. 또한 그는 '도딕적 악이 물질적 악보다 더 중요하다'[65)]는 견해를 피력했다. 여기서 도덕적 악은 당연히 인간의지에 관계된 것이다.

그러므로 토마스에 따르면, 신은 도덕적 악이 아니라 물질적 악에 대해서만 책임이 있는 것이다. 이러한 것과 관련하여 도덕적 선은 어떠한가?

토마스는 『욥에 대한 주해』라는 저서에서 완전한 도덕적인 청렴은 인간에게 가능하지 않다고 보았다. 인간 활동에는 언제나 어떤 결점이 있는 것이다. 토마스가 정의로운 사람을 언급할 때 그는 도덕적으로 선한 것으로부터 결코 심각하게 이탈해 본 적이 없는 사람을 언급하고 있는 것이며 그의 신학적인 용어를 사용하자면, 그 사람은 과중한 죽을 죄를 범한 것이 아니라 용서받을 수 있는 경미한 죄를 진 것이다.[66)] 이 저서는 또한 다음과 같은 원칙을 밝힌다.

이 생에서 사람들이 행힌 신행은 민드시 세속직인 번영으로 보답받지는 않을 것이며 악행도 반드시 일시적 곤경으로 처벌받지는 않을 것이다. 토마스의 이러한 입장을 더욱 분명히 요약해 보면,

---

65) Connellan, *Why Does Evil Exist?*, Exposition Press 1974, p.76.
66) 같은 책 p.95.

1. 일시적 번영이 주어졌을 때, 관련된 사람이 도덕적으로 선한 삶을 영위하고 있다고 결론내려서는 안 된다.

2. 일시적 곤경이 주어졌을 때, 관련된 사람이 도덕적으로 악한 삶을 영위하고 있다고 결론내려서는 안 될 것이다. 도덕적으로 고려해서 가장 선한 사람들도 때때로 가장 곤혹스러운 곤경으로 고통받는다.

3. 어떤 사람이 도덕적으로 악한 삶을 영위한다고 할 때, 그가 고통을 얻을 것이라고 결론내릴 수는 있으나 이 고통이 현세에 일어날 것이라고 말할 자격은 없다.[67]

……

등으로 간추릴 수 있다.

죄가 반드시 이 생에서 고통을 수반한다고 말할 수 없다는 토마스의 주장은 옳다. 그리고 바로 이와 같은 것이 토마스의 독창적이고 바람직한 철학적 논점이 될 수 있을 것이다. 그러나 토마스아퀴나스의 주장대로 신은 도덕적 악에 대해서는 책임이 없는가 하는 것에 대해서는 질문을 제시해 보지 않을 수 없다.

---

67) 같은 책 p.96.

VI

가난과 악

◆ 생각할 문제 ◆

☞ 히틀러는 수없이 여러 번 기독교와 그 자비 개념은 "약자를 지배하는 강자의 윤리로 대체"되어야 한다고 공표했다. 이 점을 비판하여 보자.

☞ 무고한 자의 '고통' 문제는 여전히 심각하다. 이것에 대해 생각하여 보자.

☞ 거짓말은 항상 나쁜 것인가?

제 Ⅶ부   진화와 심리

22. 『종의 기원』과 진화론

찰스 다윈(1809~1882)은 1859년에 『종의 기원』을 썼다. 다윈은 자연이 자연선택이라는 원리에 따라 진화한다고 생각했다. 다윈은 유기체들은 세대에 따라 우연적인 유전자 변이를 하게 되고, 환경에 가장 잘 적응하는 변이를 하는 유기체가 살아남을 가능성이 가장 크다고 보았다. 모든 개체간에는 생존경쟁이 일어나고, 가장 잘 적응한 개체만이 살아남는다는 것이다. 각 환경에 가장 잘 적응된 유기체가 선택됨으로써 종이 계속 발전되고, 변이와 선택으로부터 모든 종이 출연하게 된다.

그의 진화론은 당시의 지배적 세계관이었던 창조론을 부인하는 것이었다. 즉 그는 각각의 종이 독자적으로 창조된다는 이론에 대해 반박했으며, 그 대신 하나의 종이 점차 다른 종으로 진화해간다고 보았다. 진화론의 관점은 단순한 것을 '원초적'이라 보고, 복합적인 것을 '진보된 것'이라 상정하는 것보다 더 자연스러운 견해가 무엇이냐는 것이다. 다윈은 갈라파고스의 핀치새들, 앞발의 상동들, 동일한 발생들이 진화의 흔적이라고 논한다.

다윈은 1831년부터 5년간의 세계 여행 중 남아메리카의 해안과 태평양의 섬들을 둘러보며 과학적 진화론을 펼 수 있는 근거를 마련하였다. 그는 아프리카 대륙 해안에서 가까운 베르데 곶 군도와 남아메리카 근해의 갈라파고스 군도를 돌아 보았는데, 그 곳에서 특이한 사실을 발견하였다. 베르데 곶에 서식하는 것과 갈라파고스의 서식하는 것 사이의 유사도는 베르데 곶 군도의 것과 가까운 아프리카 대륙에 사는 것과의 유사도에 비하면 미미(微微)하였다. 다윈은 아프리카 대륙과 베르데 곶 군도의 새가 아주 닮은 것은 양쪽 모두가 최근까지 같은 조상을 가지고 있었기 때문이라는 결론을 내린다. 남아메리카 해안 바다에 떠 있는 갈라파고스의 섬들에서 다윈은 그 과정을 명백히 보여 주는 예를 발견한다. 남아메리카나 갈라파고스에는 제각기 다른 동물이나 새의 집단이 서식하고 있었다. 어떤 섬이나 생태학상의 조건에 차이는 없는데 그곳에 사는 도마뱀이나 수달의 종류들은 이웃섬과는 분명히 차이가 났다. 즉 대륙의 원형이 바다 가운데 섬으로 이동하여 번식하고 새로운 종으로 분화된다고 보았다. 결국 다윈은 종이 개별적으로 창조된 것이 아니고, 변종과 마찬가지로 다른 종으로부터 생겨난다는 결론에 도달할 수 있다는 것을 생각하였다. 이러한 진화에 대한 메카니즘은 오늘날 진화적 사고의 지배적인 인과적 그림의 핵심이 되는가? 20세기의 프랑스 분자생물학자 자크 모노(1910~1976)는 『우연과 필연』(1970)라는 저서에서 물질에서 처음 생명 현상이 생겨난 과정은 '우연'이고, 진화과정은 '필연'이라고 주장하였다. 이러한 가치관은 '염색체 지상주의'의 진화론과 결부시켜 볼 수 있을까? 진화론은 진화의 단계를 찾아보면 잃어버린 사슬이 있고, 상당 부분이 실제보다는 상상에 의존한다는 점이 극복될 과제이다.

◈ 생각할 문제 ◈

☞ 신은 우주 만물의 창조주로서 존재하는가?

☞ 모리스(Desmond Morris)는 『털없는 원숭이』(The Naked Ape, 1967)에서 '우리 인간을 다른 용어로 표현한다면 바로 "털없는 원숭이"라고 하였다. 결국 우리 인간은 동물적 본성을 지닌 존재라는 것이다. 이 점에 대해 생각해 보자.

☞ 염색체와 유전자의 정보는 침팬지와 고릴라보다 인간과 침팬지가 더욱 비슷하다고 한다. 이것은 인간 진화의 원인이 될 수 있는가? 인간과 침팬지는 유전적으로 1.4%밖에 차이가 나지 않는다.

23. 『꿈의 해석』과 소망충족

    지그문트 프로이드(1856~1938)는 역사상 가장 유명한 의사 중의 한 명이라 할 수 있다. 프로이드의 아버지는 모직물 상인이었는데, 별로 성공하지는 못했지만 장수했으며, 세 번 결혼하여 많은 자녀를 두었다. 지그문트 가족들은 유태인들이었다. 정신분석학의 이론적 근거를 확립한 프로이드는 욕망의 언어를 해독한 사람이며, 인간을 지배하는 것은 이성과 의식이 아니라, 욕망·꿈·무의식이며 이것들의 거주지는 몸이라는 것이다. 인간의 주인은 의식이 아니라 무의식이고, 꿈·실언·농담 등이 무의식의 텍스트가 된다. 프로이드는 그 중에서도 꿈을 무의식에 이르는 왕도라고 판단했다.

    고대에는 꿈을 초자연적인 힘들과의 교류라고 생각하였다. 호머의 주인공인 영웅들은 꿈 속에서 자기들의 신으로부터 메시지를 빌는다. 즉 꿈은 전조이고 예언이며, 초월 세계로부터 온 표시이고 해독해야 할 예고였다. [68]

아리스토텔레스 이전의 고대 사람들은 꿈을 영혼의 한 산물이라고 보지 않고, 신이 무엇인가를 알려주는 것이라고 간주했다.[69] 아리스토텔레스는 꿈은 신성(神性)에 근접한 것으로 여겨지는 인간 정신의 법칙들로부터 나온 것이라고 보고, 꿈은 수면 중에 영혼이 활동하는 것이라고 정의했다.

프로이드는『꿈의 해석』(1900)에서 "꿈은 완전한 심적 현상이며, 어떠한 것의 소망충족"[70]이라고 하고 있다. 다음의 예를 들어보자.

> 저녁식사 때 정어리나 올리브 등 짠 음식을 먹으면 밤중에 목이 말라서 잠이 깬다. 그러나 눈을 뜨기 전에 꿈을 꾸는데, 이 꿈은 언제나 물을 마시는 내용이다. 벌컥벌컥 물을 들이키는데, 그 맛이란 형언할 수 없을 정도다. 그러다가 눈을 뜨면 이번에는 실제로 물을 마시지 않을 수 없다. 이 단순한 꿈의 유인은 눈을 떴을 때도 여전히 느껴지는 갈증이다. 이 갈증이라는 감각에서 물을 먹고 싶은 소망이 생기고, 또 꿈이 이 소망을 충족시켜 주는 것이다.[71]

---

68) 앙드레 베르제·싸 1인(남기영 역),『인간과 세계』, 정보여행, 1996, p.71. 참조.
69) S. 프로이드, (김기태 역), 『꿈의 해석』, 선영사, 1997, p. 13.
70) 같은 책, p.117.
71) 같은 책, p.118.

　프로이드에 의하면 아이들의 잠꼬대도 마찬가지라는 것이다. 아이가 음식 이름들을 잠꼬대하였다. 이때 잠꼬대 속에 나오는 음식이름은 모두 아이 자신이 먹고 싶었던 것들이다. 과연 꿈은 소망을 충족시켜 주는 것인가? 아니면 신체적으로 열기, 냉기가 많게 되면 꿈을 꾸고, 단지 자신이 강하게 집착하거나 원하는 것을 꿈으로 꾸는 것으로 이들은 모두 허상에 불과한가?

◈ 생각할 문제 ◈

☞ 꿈은 앞날을 예시하는가?

☞ 무지개가 산에 걸친 꿈은 명예와 재물을 얻고, 죽은 사람이 집안에 들어오는 꿈은 행운이 굴러 들어오고, 호랑이의 꿈은 일을 성사시킬 수 있고, 돼지를 몰고 들어오는 꿈은 재물이 생긴다고 한다. 이러한 꿈해몽에 대해서 어떻게 생각하는가?

제 Ⅷ 부   삶의 의의

제 Ⅷ 부   삶의 의의

24. 『태양은 가득히』와 진실의 문제

　『태양은 가득히』는 프랑스·이탈리아 합작의 명화이
다. 이 작품은 남유럽의 바다 한 가운데에서 펼쳐지는

냉혹한 살인과 함께 잘못된 청춘의 심리를 잘 묘사한 명작이라 할 수 있다. 이 영화에서는 몇몇 독선적인 사람들이 등장한다. 일확천금을 벌기 원하는 가난한 미국 청년 톰은 학창시절 친구인 필립을 데려와 달라는 그의 부친 부탁을 5천달러를 받기로 하고 수락한다. 필립은 로마에서 애인과 함께 호화로운 요트 생활을 하고 있었다. 귀국을 종용하는 톰의 말을 들은 체도 하지 않고 필립은 톰을 발가벗겨 장비도 없는 작은 보트에 떠내려가게 하기도 하고, 톰 앞에서 애인 마르슈와 애정행각을 벌이기도 했다.

필립은 톰에 대해 인간 이하의 취급을 한다. 톰은 필립에 대한 열등감과 함께 복잡한 심리적 갈등을 겪게 된다. 따라서 그는 필립에 대해 복수심과 살의를 품게 되고, 마침내 필립을 살해하여 시체를 돌과 함께 묶어서 바다에 버린다.

필립이 좀 더 톰에게 진실되게 대해졌디라면 그는 이러한 극한 상황에 도달하지는 않았을 것이다. 서로가 타인을 배려하는 마음이 있었다면 그들 서로의 갈등은 해소될 수 있었을 것이다. 여기서 우리도 서로서로가 매일매일 얼마큼 진실되게 서로를 대하고 있는가를 한 번쯤 되돌아 보아야 할 것이다.

　살인을 하고 요트에서 내린 톰은 필립 행세를 하고 다닌다. 그러나 필립의 숙모와 친구가 나타나면서 톰은 긴장한다. 톰은 필립의 전 재산을 필립의 애인 마르슈에게 주도록 유서를 조작하고, 필립이 자살한 것같이 완전 범죄를 꾀한다. 톰은 이때에 마르슈에게 끈질기게 구애하여 필립의 전 재산과 마르슈까지 얻게 된다. 그러나 강렬한 태양 밑의 비치파라솔 아래서 휴식을 취하고 있는 톰은 바다에서 필립의 시체가 떠올랐다는 것을 알아채지 못한다. 필립의 아버지가 요트를 팔려고 했기 때문에, 사람들이 배를 바다에서 끌어올릴 때 배의 스크루에 시체를 포장한 비니루가 걸렸던 것이 따라 올라 온 것이었다.

　인간의 한없이 사악한 욕망이 빚어낸 결과인가? 완전 범죄는 이루어지지 않았던 것이다. 죄는 죄값을 치르게 하는 것일까? 우리들은 이 작품에서 한 청년의 비뚤어진 가치관을 통해 인간의 비극을 경험할 수 있었고, 다른 사람들을 진실되게 대하려는 노력이 우리 모두에게 절실히 필요하다는 교훈을 얻게 되었다. 악행은 조그마한 동기(動機)로부터도 발생하여 엄청난 불행을 야기시키기 때문이다. 물질만을 소중히 여기는 마음은 인간의 본성을 흐리게 하여 본연의 가치를 찾기 어렵게 한다.

VIII
삶의 의의

◈ 생각할 문제 ◈

☞ 증자는 매일 '다른 사람들을 얼마나 진실되게 대하였느냐, 친구와 사귐에 있어서 믿음을 갖지 않았는가, 나는 가르치기만 하고 공부하는 데는 게을리하지 않았느냐'(『논어』의 학이편)의 3가지를 반성하였다고 한다. 이러한 점들을 생각하여 보자.

☞ 톰이라는 청년의 가치관을 비판하여 보자.

☞ 인간다운 삶을 위해서는 기본적인 물질이 필요하나 지나친 물질의 추구는 오히려 해가 될 수 있다. 그러므로 참된 인간의 삶을 위해 물질이 수반될 때 그 물질은 보다 가치가 있다. 이러한 점과 관련지어 돈을 지나치게 숭상하는 배금주의 사상을 비판하여보자.

25. 『어린 왕자』와 본질의 문제

불란서의 리용에서 태어난 생떽쥐베리(1900~1944)는 귀족의 후예였지만, 트럭 판매원도 하고 민간 항공기를 조정하는가 하면 자원해서 전투비행사로 출전하기도 하였다. 그는 어린 시절 학교 생활을 좋아하지 않아서 책상 앞에 앉아 공부하는 것을 매우 싫어했었다.

이러한 생떽쥐베리의 가장 널리 알려진 작품 중의 하나는 『어린 왕자』이다. 『어린 왕자』의 서두에는 생떽쥐베리 자신의 이야기가 쓰여져 있다. 그가 6살 때 밀림에 관한 책을 읽었는데 밀림에는 보아라는 큰 뱀이 살고 있었다고 한다. 이 뱀은 코끼리를 잡아먹을 만큼 큰 뱀인데 코끼리를 잡아 삼키고 소화시키는데 반년이 걸린다고 한다. 생떽쥐베리는 코끼리를 잡아 먹은 보아의 모습을 그림으로 그려서 어른들에게 보여 주면서 무섭지 않느냐고 물었다. 어른들은 모자와 같은 외적 형상만을 볼줄 알았지 아무도 그 내부를 꿰뚫어 볼 줄을 몰랐다. 어른들은 끊임없이 모자그림이 무엇이 무서우냐고 말하였다. 그래서 생떽쥐베리는 어른들이 알아볼 수 있도록 보아 뱀의 속을 그렸다. 그때서야 비로소 코끼리를 잡아 먹은 보아의 그림을 어른들은 시인하였다.

본질적인 것은 눈에 보이지 않는 것이다. 본질적인 것을 다루는 것은 철학의 가장 큰 역할이 아니겠는가? 철학한다는 것은 '꿰뚫어 본다'는 것을 뜻하기도 하기 때문이다.

그후 생떽쥐베리는 자기의 그림을 알아 주지 못하는 데 대해 실망을 하여 화가가 될 것을 단념하여 비행기 조종사가 된다. 어느날 사하라 사막을 횡단하다가 비행기 고장으로 불시착한다. 이때 한 어린 소년이 다가와 양 한 마리를 그려 달라고 하였다. 그러나 비행사는 양을 그린 적이 한 번도 없었기 때문에 양 대신 코끼리를 잡아 먹은 보아의 닫힌 그림을 그려 주었다. 소년은 이 그림을 보고 너무 무섭다고 하면서 양의 그림을 그려달라고 한다. 비행사는 양의 그림을 그려주었으나 소년은 원하는 양이 아니라고 다른 양을 그려달라고 하였다. 그는 또 다른 양을 그려 주었으나 어린 소년은 그 양의 그림에 만족하지 못한다. 그래서 그는 마침내 상자를 하나 그려주고, 그 안에 그 소년이 원하는 양이 있다고 하였다. 그제서야 어린왕자인 소년은 대단히 기뻐하면서 만족하였다.

어떤 구체적인 사물도 인간의 마음을 무한히 만족시킬 수는 없는 것이다. 오직 사유의 세계에서만 인간은 만족할 수 있는 것이다. 작품 『어린 왕자』는 철학적인 핵심 주제를 우리에게 던져 준 것 같다. 왜냐하면 철학한다는 것은 사유함을 계속 추진해 나가는 것이기 때문이다. 생떽쥐베리는 이 작품을 통해 보이는 것과 보이지 않는 것, 의미와 무의미의 테마를 다루었으며 결국 그의 사유는 선을 상징하는 '사랑'이라는 궁극적 주제로 발전되어 갔다.

우리는 어떻게 사유를 해나갈 것인가? 그것은 영원한 과제임에는 틀림없는 사실이다.

◈ 생각할 문제 ◈

☞ 『어린 왕자』작품은 '사랑'을 이야기하면서 '타인을 길들이는 법'을 이끌어낸다. 이 점에 대해서 생각해 보자.

☞ 참다운 인간관계를 형성하는 데에 개인적 차원의 노력이 요구된다. 그러한 노력의 의의와 한계를 생각해 보자.

26. 『인간의 대지』와 영웅주의

생떽쥐베리는 8편의 에세이로 된 『인간의 대지』를 썼다. 생떽쥐베리는 우편기 비행사로서 처음으로 프랑스에서 스페인, 아프리카, 남미의 항로개척에 참여했다.[72] 그 당시는 비행기는 기술적으로 상당히 빈약했고, 비행기를 타고 피레네 산맥을 넘어 스페인으로 간다든가, 아프리카로 간다는 것은 일종의 생명을 건 모험이었다.

---

72) 박이문, 『문학속의 철학』, 일조각, 1975, p. 87, 참조.

VIII
삶의 의의

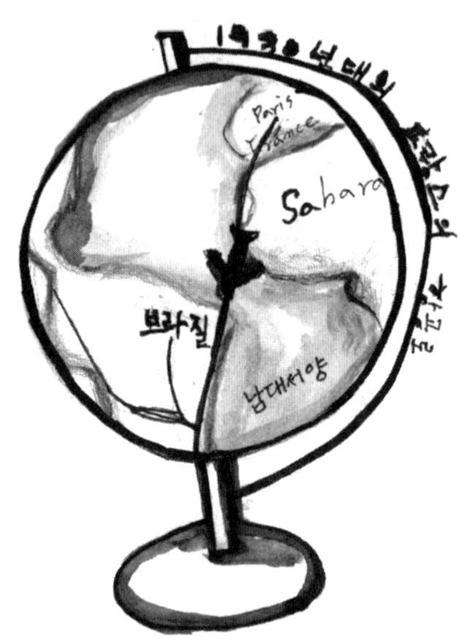

　작품의 내용은 추운 안데스에 불시착해서 생환(生還)한 생떽쥐베리보다 선배인 비행사 기요메의 용기라든지 리비아의 사막에 떨어져서 목말라 했던 자기자신의 체험, 그리고 스페인 내전 등의 이야기로 구성되어 있다.

　저자는 작품에서 도덕과 동물적 본능의 한계로서 숭고하고 바람직한 인간상을 제시한다. 인간이 개나 돼지와 근본적으로 다른 점이 무엇인가?[73] 그것은 바로 인간의 자아 극복과 인간의 위대성을 발휘하는 데에 있다.

　항공사들이 운반해야 하는 우편물들은 재난과 죽음을

---

[73] 같은 책.

무릎쓰면서 전달할 만한 가치가 없을 수도 있지만, 저자는 희생을 바탕으로 한 사랑과, 같은 별을 타고 있는 같은 배의 선원으로서의 연대 책임감으로 임무를 완수해 나가는 것에 가치를 부여하고 있는 것 같다. "왜 우리는 서로 미워하는가?"[74]라고 자문하면서 우리는 반드시 타자를 사랑해야 한다는 것을 강조한다.

이와 같이 볼 때 생떽쥐베리가 제시한 인간은 행복보다는 인간의 위대성을 선호하는 것이 아닌가하고 의문을 제기해 볼 수 있다. 이는 바로 일종의 영웅주의가 아니겠는가? 영웅주의는 인간은 위대하고 영웅적이고 희생적인 일을 수행할 때가 아니면 스스로가 영속적인 행복을 얻을 수가 없다고 보고 있기 때문이다.[75]

우리 주변에는 여러 가지 삶의 양태들이 있다. 그리고 모든 인간은 어떤 욕망을 채우려 부단히 노력하기도 한다. 이러한 상황에서 우리는 인생을 어떻게 살아야 하는가를 스스로 결정해야 할 시점에 놓여 있는 것이다.

---

74) 생떽쥐베리(황현산 역), 『인간의 대지』, 왕문사, 1973, p.200.
75) 이문호, 『불멸의 철학자들』, 이문출판사, 1984, p. 278. 참조.

◈ 생각할 문제 ◈

☞생떽쥐베리는 극단적인 낙관주의라 할 수 있다.
그는 "남들이 해낸 건 나도 언제나 해낼 수 있다"
(『인간의 대지』中)라고 하였다. 이 견해에 대해서 생각하여
보자.

제 IX 부   자아와 인생

제 IX 부   자아와 인생

27. 『형이상학』과 자아정립

자아정립은 넓게 우주적인 '자아'나 정신의 자기의식에 의해 나타나는데, '자아'가 철학상의 주제가 된 것은 주로 근세 이후이다. 봉건적 속박으로부터의 개인의 해방이 '자아'를 다루게 된 사회적 배경이었다. 우리는 최선의 삶을 위해서 자기의식을 통한 자아정립을 이뤄나갈 것을 부단히 노력해야 하지 않을까?

아리스토텔레스는 '사물의 본질은 사물의 현상들의 배열 속에 있다'는 그의 『형이상학』의 첫머리에서 '모든 인간은 본질적으로 알기를 원한다'고 하였다. 그래서 인간은 밤 하늘의 별을 관찰하고, 어떻게 푸르던 나뭇잎이 가을에 단풍잎이 되는지를 연구하고, '우리는 어디서 왔고, 누구이며, 어디로 가는가?'를 알고 싶어한다.

그러나 무엇보다도 인간이 가장 알기를 원하는 것은

바로 인간 자신이다. 그러므로 소크라테스가 "네 자신을 알라!"고 외친 이유도 여기에 있는 것이다.[76]

이렇게 볼 때, 우리는 자아를 발견하고 궁극적으로 자아를 실현하는 것은 확실히 인생의 가장 중요한 목표가 될 수 있을 것이다. 우리는 자아나 정신에 대한 자기의식이 확고하게 수립되어야 한다. 자기의식이 얼마나 중요한가를 다음의 비유를 통해 살펴보자.

어떤 사람이 독수리 알을 발견하여 자기 집 뒤뜰 닭장 안에 갖다 놓았더니, 독수리 새끼가 다른 한배 병아리와 함께 알을 까고 함께 자랐다. 일생 동안 이 독수리는 닭이 하는 짓을 하며 스스로 닭이라고 여겨, 땅바닥을 긁어 벌레를 잡아먹고, 꼬꼬댁… 꼬끼오… 하고 소리를 내며, 날개를 푸드덕거려 공중으로 두어 자씩만 날곤 했다. 세월이 가서, 독수리는 매우 늙었다. 하루는 무심코 하늘을 쳐다보니, 커다란 새가 금빛 날개를 펼치며 세찬 바람 속에서도 우아하고 위풍 당당하게 날고 있었다. 늙은 독수리는 경외심에 가득차 옆에서 모이를 쪼고 있는 닭에게 물었다. "저분이 누구지?" "저분은 새들의 왕이신 독수리님이야." 닭이 계속 말했다. "엉뚱한 생각일랑 집워 치워! 너나 나나 그분과는 다른 신분이니." 그 후 독수리는 아예 딴 생각은 하지 않았고, 끝까지 자기는 닭이라고만 여기다가 죽었다.[77]

이 짧은 우화에서, 우리는 스스로가 자신에 대한 깨달

---

76) 황필호, 『문학과 철학의 연관성』, 『철학사상(8)』, 1986, p.9.
77) 편집부, 『이야기해 주세요』, 도서출판 참, 1991. 참고

음을 갖는 것이 얼마나 중요한 것인가를 알 수 있다. 일설(一說)로는 우리 인간은 대부분 자기에게 주어진 운명의 18%도 활용하지 못하고 세상을 떠난다고 하지 않는가? 스스로에 대한 자각은 바로 진정한 행복을 위한 충분조건[78]을 이루는 것이 아닐까?

자기의식에 의한 자아정립은 우리에게 자신의 삶의 미래로의 방향을 제시해 줄 것이다.

---

78) 다음과 같은 공식을 성립시켜 본다.

조건 명제 —"A→B"(A이면 B이다)

(A가 참이면서 B가 거짓일 수는 없다)

— 혹은 "A⊃B"

A→B=~A∨B이기도 하다.

"A→B"에서 A는 B의 충분조건, B는 A의 필요조건

만약 "자각→진정한 행복"(자각을 하면 진정한 행복을 갖게 된다)

∴ 자각은 진정한 행복의 충분조건

◆ 생각할 문제 ◆

☞ 삶의 궁극적 목적은 자아실현인가를 생각해 보자.

☞ 우리는 각자 어디로 가고 있는가를 생각하여 보도록 하자.

☞ 영화 『가면의 정사』에서 그레타 스카키의 정부 톰 베린저는 사고로 기억을 잃은 채 그레타 스카키에 의해 그의 남편 얼굴로 성형 수술된다. 그 후 톰이 점차 기억이 되살아나면서 영화는 극에 달한다. 톰의 정체성(Identity)은 유지되는가? 톰은 과연 누구라 할 수 있는가?

☞ 최근 원숭이 머리를 통째로 맞바꾸는 수술이 성공했다. 그렇다면 훗날 뇌사자의 몸통을 신체기능이 정지된 사람이나 여러 장기가 기능하지 못하는 사람의 머리에 결합시켰을 경우 이 전신 이식을 한 사람은 누구라고 보아야 할 것인가?

28. 『소설 동의보감』과 인(仁)의 실천

　『소설 동의 보감』[79]은 조선왕조 중엽의 허준이라는 의사의 뜨거운 생애의 일대기이다.

　허준의 어머니는 사화(士禍)에 의해 신분이 하락한 천첩이었다. 엄격한 신분제도 사회에서 이러한 사노비는 자자손손 대를 세습한다. 그러나 허준은 이와같은 온갖 고난을 뛰어 넘어 면천되고 정일품의 작호까지 받게된다.

　그는 태어난 용천을 떠나 명의(名醫) 유의태를 어머니의 병으로 인해 만나게 된다. 허준은 유의태의 강렬한 인상에 감명받아 그의 제자가 되기로 결심하고 그의 곁에 머무른다. 허준은 유의태 의원이 도라지 한 뿌리에도 깊은 외경을 지닌 것을 존경하게 된다.

---

79) 이은성, 『소설 동의보감』상·중·하, 창작과 비평사, 1991. 참조

그리고 허준의 집념과 병들어 고통받는 백성에 대한 애정과 헌신이 그를 명의가 되게 한다. 허준이 거의 10년의 오랜 세월의 공부 끝에 한양으로 의원 취재 시험을 보러가는 도중, 마을의 병자들의 진맥 요청에 다른 의원들은 모두 거절하고 거들떠보지 않았으나, 그는 병자들을 진료하려 서슴없이 나선다. 그로 인하여 허준은 과거 시험에 지각하고 시험조차 치룰 수가 없었으나 스승 유의태에게서 모든 것을 얻을 수 있게 된다.

그 후 스승 유의태는 밀양 천황산 굴 속에서 자신의 목숨을 스스로 끊어 제자 허준에게 자신의 시신을 물려준다. 시체 해부가 금기시 되던 시대의 하나의 살신성인(殺身成仁)이 아니겠는가?

조선시대 내의원들이 대부분 임금만을 위한 의원들이었으나 허준은 민생을 위해 의학책 동의보감을 저술한 의성(醫聖)이라 볼 수 있다. 허준은 이 땅의 풀 한포기까지도 사랑하였다고 작품 『소설 동의보감』은 말한다.

'유의태와 허준'이라는 세상에 둘도 없는 듯한 사제상, 그것은 유의태의 인(仁)의 실천, 살신성의(殺身成醫)가 없었던들 근엄하게 존재할 수 있었겠는가? 그와 같은 훌륭한 스승이 있었기에 훌륭한 제자가 태어날 수 있었던 것이다. 아들 유도지를 제쳐 놓고 허준을 후계자로 지목하였던 유의태! 입신양명을 위한 과거시험도 포기하고 백성의 생명을 중시할 수 있었던 순수한 인간애의 소유자 허준! 이들의 타인에 대한 보편적 사랑이 없었던들 이것이 이루어질 수 있었겠는가? 우리 모두에게 귀감이 되는 사례이다.

또한, 작품 전체에서 유의태와 허준의 의술은 인술이라는 겸허한 사랑의 실천이 우리 모두에게 숙연한 기분을 들게 한다.

◆ 생각할 문제 ◆

☞ 사람과 사람 사이의 일체성의 자각으로서 인(덕과 사랑)의 실천을 생각해 보자.

☞ 다음 글을 읽고 토론해 보자.

「다시 침묵이 있다가 유의태의 목소리가 이어졌다. "……하여 의원이 의원이고자 하는 공부의 시초는 1천5백92가지 약재의 이름을 외우고 오미(五味:辛鹹苦甘酸)의 맛과 그것이 신체에 미치는 영향이며 희노우사비경공(喜怒憂思悲驚恐) 그 칠정(七情)의 신(神)의 허실(虛實)을 다 알았다 한들 마지막 한 가지를 알지 않고서는 진실로 의원일 수 없다."

"……"

"마지막 한 가지라니요?"

한 손에 꿀차 찻잔을 들었는지 도지의 말 끝에 입 안의 꿀차 넘기는 소리가 났다.

"하하하……."

도지가 신겁게 웃는 소리가 났다.

"천오백아흔두 가지 약재로 이름 붙은 초근목피의 이름을 외우는 것이 어찌 범상한 재줍니까, 게다가 오미의 맛과 품(品)을 알고 더더구나 희노우사비경공, 그 칠정의 허실을 알았다 하면 그거야말로 인간사의 소원인 불로장생(不老長生)의 도(道)와 술(術)을 넘볼 경지이온데 그밖에 더 무엇을 보탠단 말씀이오니까?"

이번에는 유의태가 말이 없었고 아들이 따져들었다.

"그래 아버님이 늘 강조하시는 의원이 의원이고자 하는 마음가

짐이란 무엇이오니까, 어느 책에 적힌 글이오니까?"

"그건 어느 의서에도 적힌 바가 없다. 하나 그것 없이는 고금의 의서를 무불통지하고 보(補)하고 사(瀉)하는 온갖 의술을 통달했다 한들 참된 의원이라 일컬을 수 없다."

"고금의 의서에 무불통지하고 보하고 사하는 의술을 통달하고도 의원으로서 더 이상 갖출 무엇이 있단 말씀이온지……?"

"사랑이다."

유의태의 대답이 짧았다.

"사랑이라니요?"

"과거공부를 시키다가 말고 웬 사랑타령이오니까."

오씨의 목소리가 끼여들었을 때,

"병들어 앓는 이를 불쌍히 여기고 동정하는 마음."

어미에 단호한 울림이 느껴졌다.

"위엄 세우지 않고 다정하게 굴면 종당에는 약값을 깎으려 기어붙는 것이 병자들의 심성올시다."

"의원의 신세를 지면 아무리 독하고 가난한 이라도 밥 한 술은 먹여주는 터이니 병자의 빈부를 왜 굳이 따지려들꼬."

잠시 도지가 방만하게 웃는 소리가 났고,

"그럼 의원은 흙 파먹고 삽니까"하는 오씨의 목소리가 들렸을 때 유의태 앞에 술상이라도 놓여 있었는지 돌연 탕! 손바닥으로 상을 치는 소리가 났다.

"의원도 의원 나름. 고을마다 의원을 자처하는 자가 널렸으되 병자를 긍휼히 여기는 의원은 많지 않아."

"긍휼?"

"병들어 앓는 이를 불쌍히 여기고 동정하는 마음!"

허준의 뇌리에 유의태의 시퍼런 눈빛이 손에 잡힐 듯이 보였다. 이미 목소리가 자식을 공부시키는 부정을 담은 게 아니었다.

"의원으로 자처하는 허구많은 부류 중에도 여덟 가지 의원이 있다. 능히 네가 그 여덟 가지 의원의 부류를 알 수 있느냐."

"모릅니다."

"붓을 들어라."

"왜오니까?"

"적으랄밖에!"

"그것도 취재 시험에 나오는 문답이온지?"

"나오지 않아도 의원이라면 평생 가슴 속에 담아두어야 할 조목인 즉."

허준이 자신도 모르게 주위를 돌아보았으나 붓도 종이도 있을 수 없는 남의 방문 앞일 뿐이었다.

약재창고에 지필묵(紙筆墨)이 있었으나 달려갈 여유가 없는 걸 깨닫자 허준은 귀를 바짝 방문 쪽으로 열었다.

"여덟 가지 의원 중 그 제일을 심의로 친다. 심의란 대하는 사람으로 하여금 늘 마음이 편안케 하는 인격을 지닌 인물로 병자가 그 의원의 눈빛만 보고도 마음의 안정을 느끼는 경지로서 그건 의원이 병자에 대하여 진실로 긍휼히 여기는 마음가짐이 있고서야 가능한 품격이다."

"마음 심자 심의(心醫)오니까."

방안의 도지가 기록하여 묻는 소리가 났고 허준도 심의라는 금자를 입 안에 뇌었다.」

　　—『소설 동의보감』 中에서

29. 「마미」와 이성적인 삶

　서양 근대 정신의 본질은 인간성을 긍정하고, 감성이나 이성의 지배를 받는 인간의 능력을 신뢰하는데 있었다. 그래서 철학자 헤겔(Hegel, 1770~1831)은 사상의 평생 모토가 이성과 자유였다. 이렇듯 이성의 문제는 철학사에서 중요한 영역을 차지하였다.

　또한 철학의 한 영역인 논리학(logic)은 그 어원이 로고스(logos)이다. 이때 logos라는 말은 이성, 사고를 뜻하고, 이 logos는 격정이나 감정을 뜻하는 파토스(pathos)와 구별되는 것이다. 이러한 논리학은 좋은 추론과 나쁜 추론을 구분해 주는 방법과 원리를 연구하는 학문으로서 현대인의 삶에 논리의 역할을 당당히 하여, 현실의 사태를 있는 그대로 파악하는 데 많은 도움을 주고 있는 것이다.

IX
자아와 인생

그러면 감성과 이성을 실천적 의미에서 구별하여 보자. 감성은 일반적으로 감관적 지각에 의해 지배되는 심리적 체험 전체를 말한다. 따라서 감각 뿐만 아니라, 그것이 수반하는 감정·지각과 결부되어 있는 충동이나 욕망 등을 가리키며, 이성에 의해 억제되어야 할 감각적 욕구를 가리키는 것이다. 이에 반해 이성은 본능이나 충동이나 감성적 욕구에 흔들리지 않고 사려(思慮)에 근거하여 판단해서 행동하는 능력을 의미한다.

이러한 면을 예를 들어보자.

우리는 역시 Hans Zinsser라는 작가의 「마미」(Mamie)라는 에세이를 통해 감성과 이성을 구별하고자 한다.

작가는 어린 시절의 회상에서 10살의 마미라는 소녀를 떠올린다. 마미는 반짝 반짝 빛나는 금발의 소녀였는데 작가 아버지와 화학공장에 고용된, 생활이 어려운 사람의 딸이었다. 그들, 즉 그녀의 오빠와 그녀, 그리고 작가 이 세사람은 공장의 뜰에 있는 통 위에서 술래잡기를 하고 놀았었다.

마미는 비록 얼굴이 더럽고 옷이 지저분했지만 작가에게 어렴풋이 사랑하는 마음이 일어나게 하였다. 보슬비가 내리는 어느 날, 비 때문에 그들은 작은 창고로 들어갔고 작가에 의해 그녀의 오빠 지미는 과자를 사러

보내졌다. 마미와 작가는 비에 젖어 추웠기 때문에 바짝 붙어 있었다. 그녀는 키스를 받기 위해 젖은 얼굴을 들었고, 작가는 키스하려는 다정스런 마음으로 그녀의 얼굴을 내려다 보았다. 그때였다. 그는 그녀의 코에서부터 흘러내리는 작은 두 줄기의 콧물을 보았다. 그는 가끔씩 그녀가 코를 훌쩍일 때마다 혀를 내밀어서 위쪽으로 향하는 걸 보긴 했지만 전에는 콧물이 흘러내리는 것을 알지 못했었다. 그 순간 작가는 혐오감을 느꼈다. 그러나 그는 찝찔한 그녀의 입술에 키스하였다.

그 순간의 감성대로 하였다면 그녀의 얼굴을 외면했겠지만, 곧 이성에 의하여 그는 연민으로 오만과 혐오감을 극복한 것이 아니겠는가? 이것은 훗날 작가 자신에게, 자기긍정을 부여해준 자랑스러움과 성취감으로서 향수를 느끼게 하였다.

감정과 논리에 얽힌 일화이다. 우리는 삶을 감정과 이성의 혼미 속에서 이끌어 가고 있다. 그러나 그 삶은 우리가 선택하는 것이다. 이성적 삶은 조그마한 것에서부터도 이루어지는 것이다.

◈ 생각할 문제 ◈

☞ 이성과 감성의 역할

☞ 근세 철학자 헤겔(Hegel, 1770～1831)은 철학에서 모든 것이 향하는 궁극적인 목표는 정신 혹은 이성의 자기 파악이라고 한다. 인간은 이러한 자기 파악의 매체이다. 그리고 절대 정신의 완전한 실현은 인간의 일정한 역사적 발전을 전제한다고 한다.80) 인간의 역사는 절대 정신의 자기전개인가?

---

80) 찰스 테일러(박찬국 역), 『헤겔 철학과 현대의 위기』, 서광사, p.126. 참조

30. 『미학요강』과 신의 메시지

18C에 있어서 '이성의 권위' 문제는 계속 대두되어
왔다. 18C말 독일에서 문제가 제시되기 시작하여, 철학
자들은 이성의 권위를 주장하는 유럽 계몽주의의 신념
을 비판하기 시작했다. 계몽주의에 있어서는, 이성은 진
리의 최상의 기준, 즉 지적 호소의 최후 법정이었다. 그
런데 하만(Hamann, 1730~1788)은 그러한 이성의 권위
에 대해 공격을 하였다.

하만에 의하면 이성은 자율적이지 않으며 무의식에
의해 지배되며, 개별자를 파악하거나 삶을 설명하지 못
한다. 또한 이성은 그 토대가 관습과 용법에 놓여 있는
언어와 불가분의 것이다. 그러므로 이성은 보편적이지
않고 문화에 따라 상대적인 것이 된다.

이와 같은 하만이 철학사에 미친 가장 중요한 영향은

루터주의의 부활이었다. 그러므로 그의 저서에 나타난 루터주의적 주제들은 성경의 권위, 인간의 하나님에 대한 개인적 관계의 중요성, 의지의 자유에 대한 부정, 신앙의 초합리성 은혜의 필요성이다.

그래서 하만은 루터의 '이성의 연약함과 믿음의 초합리성'이론을 중심으로 계몽주의에 대해 공격을 하였다. 하만은 1770년대 계몽주의에 반대하여 발흥한 지적인 운동인 질풍노도 운동[81]의 아버지였다. 과연 그의 이성 비판은 어떻게 생겨났는가?

1757년에 28살의 하만은 사업상 그리고 외교적 업무로 런던에 갔다. 그러나 그 곳에서 외교적 노력의 실패로 절망에 빠졌다. 그래서 하만은 동성애와, 먹고 마시는 9달의 런던에서의 방탕한 생활로 몸과 영혼을 완전히 탕진하였다. 그런 절망 속에서, 그는 성경책을 읽기 시작했다. 그는 성경에서 신의 메시지를 발견하였다. 그의 모든 시도들과 시련들은 성경에 예시된 것 같았다. 그리고 그는 신이 항상 그와 의사소통하고 있었다는 것을 믿게 되었다. 그래서 이러한 신비한 경험으로 하만은 특이한 형이상학적 결론에 도달한 것이었다.

첫째로, 창조는 신의 비밀스런 언어가 되고, 그 언어

---

81) 18C 독일 문학 상의 한 경향(1770~80)

의 상징들에 의해 신은 그의 메시지를 인간에게 전달하는 것이다. 모든 자연과 역사는 상형문자와 신의 암호들과 비밀스런 상징들, 그리고 퍼즐들 속에 존재하게 된다. 발생하는 모든 것은 신의 언어, 물리적 구현, 신의 사고들의 표현에 대한 불가해한 사건의 주석이다. 하만의 비유적 표현으로 하면, "신은 작가이고, 그의 창조는 그의 언어이다"가 된다.[82]

이와 같이 볼 때 계몽주의의 결렬은 기정 사실이었다. 하만은 계몽주의의 몇몇 기본적인 도그마들에 의문을 제기하기 시작하는데, 그 중 하나가 근대과학의 자연주의가 초자연주의이거나 궁극적인 원인들의 언급없이 기계적 법칙들에 따라 모든 것을 설명하려고 한 시도에 의문을 던진다.

왜냐하면 하만에 의하면, "자연의 모든 현상들은 숨겨진 의미를 갖고 있는, 즉 비밀스런 의미를 가지고 있는 꿈들, 환상들, 수수께끼들이다. 자연과 역사의 책들은 암호들, 즉 숨겨진 기호들에 불가하고, 그 암호들은 성서의 해답을 필요로 한다"[83]는 입장이다. 이러한 견해에 따르면, 모든 자연적 사건들이 신의 상징들이기 때

---

82) Frederick C. Beiser, *The Fate of Reason*, Harvard Univ. Press, 1987, p.20.
83) 같은 책, p.21.

문에, 초자연적인 것은 자연적인 것을 초월하지 않고 그 속에서 구현됨은 당연할 것이다.

둘째로, 하만은 인간의 자율 속에서의 계몽주의의 신념과 인간은 신의 은총이 아니라, 그 자신의 노력들을 통해서 완성된다는 그것의 믿음을 의심한다. 그러므로 "인간의 가장 작은 행위들이라도 왜 신의 증명이 아니겠는가?"[84]의 논변이 된다.

셋째로, 하만은 자아의식은 자아계시, 즉 자명한 철학의 시작점이라는 많은 후기 데카르트 학파의 심리학과 인식론에 공통된 가정을 비판한다. 즉 우리는 우리들 자신에게 특권을 가지고 있지 않는 것을 의미한다. 그러므로 철학은 자아인식으로가 아니라, 존재자의 인식으로 시작해야 한다.

넷째로, 하만은 계몽주의 이성의 지배, 즉 모든 믿음을 비판할 수 있는 이성의 권리에 관한 원칙을 논박한다. 그는 그의 건네기 신으로부터의 계시라는 것과 그것은 이성과 불가해한 것이고, 이성은 그것을 판단할 권리가 없다는 것을 확신한다.

하만은 계시의 영역과 이성의 영역을 구별하는 것은 필연적이라고 생각한다. 사실들은 신의 은총을 통해서

---

84) 같은 책.

우리에게 주어진 것이고, 이성은 이러한 계시를 판단할 권리가 없다.

이처럼 하만은 신비적 체험 속에서 나름대로의 형이상학적 결론을 이끌어 내었다. 이러한 하만은 이성을 흄의 '믿음의 필연성'을 인용하여 비판하기도 하였다. 이성은 일상적 사물의 존재를 증명 또는 논박할 수 없고, 더 높은 수준의 사물의 존재는 더더욱 증명하거나 논박할 수 없다는 것이 하만의 입장이다. 그러므로 일상적 사물의 존재를 믿듯이 신의 존재를 믿어야 한다는 추론이다.

이와 같은 입장은 그의『소크라테스를 회상함』(1759)에서도 나타난다. 신앙은 이성의 범위를 초월하기 때문에 신앙은 이성에 의해 증명되거나 부정될 수 없는 것이다. 또한 하만은 칸트와의 논쟁에 있어서 이성의 눈으로 볼 때 우리는 삶의 의미를 결코 얻을 수 없다고 보았는데 정말 이것은 타당한 것인가하는 의문이 생긴다.

그러면 낭만주의적 입장의 하만의 예술론을 살펴보도록 하자. 낭만주의자의 인식론의 신성한 문서인『미학요강』(1762)도 하만의 런던에서의 신비적 체험을 토대로 한 것이었다. 그에 의하면 예술의 종교적 사명은 자연에 나타난 신의 메시지를 번역 해독하는 것이다. 그래서 그는 자연의 '모방'이라는 고전적인(아리스토텔레스적) 개념을 도입한다. 그리하여 하만은 예술의 형이상학적 중요성을 재확립하기도 하는데, 그것은 바로 예술을 실재 그 자체에 대한 형이상학적 통찰력과 지식을 제공하는 매개로 봄이다. 그에 의하면 예술은 지식의 가장 높은 단계의 형태이며 논리학과 수학보다 더 우월하다. 하만은 예술만이 본질적으로 비추론적 매개이므로 직관적 지식을 우리에게 제공할 수 있다고 보았다.

18C 미학의 대다수를 반대함으로써 고전주의나 합리주의를 비판한, 참으로 혁명적인 하만에 의하면 자연에 관한 지식은 이성에 의해서가 아니라 감각과 느낌에 의해 획득되어지므로, 자연을 모방하기 위해서 예술가는 모든 형태의 추상화를 피하고 자신의 감정과 느낌에 충실하면 된다. 이러한 하만의 입장이 형이상학의 위치를 부상시켰다는 것은 당연하다고 보며, 그의 예술 극찬론은 근대뿐 아니라 현대의 철학자들에게 많은 영향을 끼쳤으리라고 본다. 또한 예술의 창의성 강조는 시사하는 바가 크다고 본다. 자연의 모든 표현은 근본적인 진리의 잔재가 아니라 증거라고 한 것은 높이 평가하고 싶다. 이렇듯 하만의 사상은 철학사에 미친 영향이 자못 여러 방면에서 크다고 본다.

◈ 생각할 문제 ◈

☞ 우리 인간은 거대한 힘인 운명의 노예인지, 아니면 자신의
운명의 주인이며 자신의 영혼의 지휘관인지는 지속적인 철학의
논쟁점이라고 생각된다. 어떻게 생각되는가?

31. 『정감록』과 운명론

음양오행설과 풍수지리설에 기초를 둔 예언서인 『정감록』은 한국인의 사상이나 민간신앙 내지 민속을 이해하기 위해서는 빼놓을 수 없는 책이다. 이 책은 과학적인 근거에 의해 미래를 예언한 우리 조상의 예지가 담긴 작가미상의 작품이라고 한다.[85]

『정감록』과 관련있는 설화로서, 도선이 고려 태조의 아버지 왕륭에게 예언하여 태조가 태어났다는 이야기가 있다. 또한 도선은 고려의 400여년의 존속을 예언했다고 한다. 그리고 고려 문종 때 '의천'이라는 왕자가 태어났을 때, 감여(堪輿)사상[86]의 대가인 72세의 노승인 지광이 왕자의 운명을 예언했다고 하지 않았는가?

85) 정다운, 『정감록』上, 밀알, 1992, p.31. 참조.
86) 천지, 건곤의 이치를 통달함.
　정다운, 『정감록』中, 밀알, 1992, p.39.

이렇듯 세상의 모든 것은 필연적으로 미리 결정되어
져 있는 것일까? 아니면 우리에게도 자유의지가 과연
있는가? 다시 말해 우리는 어떤 행위를 선택할 때, 그
선택은 미리 결정되어 있는가? 혹은 그 행위를 선택하
기 직전까지 다른 행위를 할 수 있는 '열려 있는 가능
성'이 있는가?

자유의지론에 의하면 행위 선택은 '나는 내 뜻대로
선택할 수 있다'는 자유의 본질에 입각한다는 것이다.
그러나 자유 의지론과 대립되는 결정론은 우리가 행위
하기 전에 존재하는 상황이 우리의 행위를 결정하고 필
연적인 것으로 만든다는 이론이다. 많은 요인에 의해 그
행위는 이미 결정되어 있었다는 것이다. 이러한 결정론
보다 더 강한 주장이 운명론이다. 예를 들어 죽지 않을
운명이라면, 전쟁에 나가더라도 총알이 피해간다는 입
장이다.

우리의 체험들이 필연적 사건인가, 또는 우연적인 사
건인가를 우리는 한번쯤 숙고해 봐야 할 것이다. 과연
우리의 일상사는 이미 운명에 의해 지배받고 있는가?
만약 이러한 정해진 운명이 있다면 그 운명을 바꾸는
방법이 있는가? 정말 불가사의(不可思議)한 일이 아닐
수 없다.

◈ 생각할 문제 ◈

☞ 자유의지와 결정론의 뜻

☞ 내가 간식으로 쵸코우유나 사이다를 선택할 때 나 자신의 자유의지가 개입되는가? 아니면 나 자신의 자유의지가 개입된다는 환상을 가지는 것인가?

☞ 정보화 사회 속에서 신세대들은 비합리적이고 운명론적인 역학에 관심이 높다고 한다. '만물이 음양오행에 따라 움직인다'는 역학은 한국인의 의식 속에 자리잡고 계속 이어져 내려갈 것인가?

32. 『일부 변경선』과 인연의 문제

우리는 사람의 일이 모두 인연(因緣) 때문에 생기는 것인가에 대해 인생행로 중 한 번쯤은 사색하게 된다. 나와 부모, 형제, 친구, 학교와 직장, 이 모든 것이 우연에 의한 만남이냐, 아니면 필연에 의한 것이냐 하는

것을 우리는 누구나 한 번쯤은 생각하는 것이다.

불교에서는 우리 인간이 온갖 생의 윤회 전생을 되풀이하면서 서로의 인연을 맺는다고 한다. 이 세상 모든 것은 주어진 조건에 따라 변화하고 생성하는 '말미암아 일어나는' 연기법(緣起法)을 따른다는 것이다. 이것은 마치 두 개의 갈대 다발을 엇비슷하게 서로 포개서 세워 놓았을 때 "이것이 있으므로 저것이 있고, 이것이 생기므로 저것이 생긴다. 이것이 없으므로 저것이 없고, 이것이 없어지므로 저것이 없어진다"[87)는 논리가 성립되는 것과 같은 이치이다. 이러한 예를 작품의 현실 속에서 찾아보자.

작품 『일부 변경선』[88)은 윤회의 굴레 속에서 인연의 예를 나타내고 있다. 6.25사변 후, 석진은 어릴 때 미군 조종사를 따라 미국으로 건너가고 나 목사는 신애라는 여자 아이를 '소망의 집'에서 딸처럼 키운다. 그 후 교회 장학금으로 미국 유학 간 신애는 그 곳에서 석진을 만나게 되며 석진과 신애는 서로 사랑하게 된다. 그러나 그들은 그들 부모대의 기이한 인연으로 헤어지고 만다. 신애가 자신의 부모의 과거를 알고 돌연 귀국하여 버렸

---

87) 소홍렬 외, 『철학』, 대한 교과서 주식회사, 1988, p.302.
88) 김성옥, 『일부변경선』, 국제 출판사, 1985.

던 것이다. 석진은 미국인 여자 실비아와 결혼하게 되는데, 작품의 시작은 석진이가 실비아와 이혼하고 귀국하면서 부터이다. 고향 땅을 밟으면서 석진이는, 6.25사변 당시 석진의 집안을 완전히 부숴 놓았던 사람이 신애의 부모였다는 이야기를 마을 사람을 통해 듣는다.

얼마나 인연의 끈은 무서운 것인가? 원수의 집안 사람들이 서로가 사랑하는 사이가 되어 고통과 번민을 느끼는 것은 우연한 인간사만은 아닌 것 같다. 조그마한 일이라도 그것은 인연의 얽힘에서 연유되는 것일까? 인연설화를 예를 들어보자.

가난한 노인과 아들이 있었는데 노인은 비구가 되고, 그의 아들은 사미승이 되었다. 그날도 아버지와 아들은 마을에 가서 걸식을 하고 돌아오는 길이었다. 그런데 아버지가 노쇠했기 때문에 아들이 아버지를 부축하여 밀고 가다가 그만 발을 헛딛어 아버지를 땅에 넘어 뜨리고 말았다. 불행히도 아버지는 그 길로 죽고 말았다. 이 비구와 사미의 전생을 부처는 말하여 주었다.

가난한 아버지와 아들이 살고 있었는데 아버지는 병이 나서 누워 있었다. 그가 누워서 잠을 자려고 하는데 파리가 이마에 날아와 자주 귀찮게 하여, 아버지는 아들을 시켜 파리를 쫓게 하고 잠을 좀 청하려고 하였다. 아들은 아버지의 머리맡에 앉아 파리를 날렸지만, 파리는 날아갔다가 다시 돌아와 붙곤 하였다. 아들은 귀찮게 구는 파리 때문에 화가나서, 벌떡 일어나 큰 몽둥이를 들고 파리를 내쫓았다. 그러다가 그만 잘못하여 아버지의 이마를 내리치고 말았다. 그래서 병자인 아버지는 그 길로 죽었다. 그때의 그 아버지는 오늘의 사미이고, 그때의 아들은 오늘 길에서 죽은 비구라는 것이다.[89] 실수조차도 '갚음'의 영역이 되는 것이다.

또 다른 인연의 이야기를 들어보자.

한 젊은 부부가 서로 사랑하며 오손도손 살다가 예쁜 딸을 낳았다. 돌이 지나서 말을 배우게 될 때, 엄마는 아기를 어르며 물었다.

"예쁜 것아! 너는 전생에 무슨 인연 있어서 나의 딸이 되었니?" 엄마의 물음에 아기는 놀랍게도 또렷 또렷 대답을 했다.

"저는 전생에 엄마의 계집종이었는데, 심부름 시킬 때마다 심부름 값 주신다 하시고, 주시지 않아 그것이 업이 되어 돈 받으러 나왔지요." 깜짝 놀란 엄마는 장난 반 의혹 반으로, 돈 두푼을 아기 이마에 올려 놓으니 아기는 그 길로 죽고 말았다.[90]

정말 우리의 만남은 언제 어디서 어떤 식으로 이루어질지……. 우리는 만남들을 소중히 여겨서 더욱 더 좋은 인연으로 엮어지길 바랄 뿐이다. 얽히고 설킨 인연의 끄나풀이 우리 모두에게 좋은 만남으로 진전되기를 기원해 보아야 하지 않겠는가?

---

89) 법정, 『인연이야기』, 불일출판사, 1991, 참조.
90) 석용산, 『여보게, 저승갈 때 뭘 가지고 가지』, 고려원, 1992, p.18.

◈ 생각할 문제 ◈

  ☞ 윤회의 현대적 해명으로서 전생의 영독을 의뢰하는 것으로써 '케이시'의 영독(업보문제)이 있는데 이에 대해 생각해 보자.

제 X 부　역사와 과학

제 X 부　역사와 과학

33. 『전쟁과 평화』와 역사의 문제

　　세계적인 문호, 톨스토이(1828~1910)는 백작 집안의 넷째 아들로 태어났다. 그의 작품 『전쟁과 평화』[91] (1867)는 일대 서사시적 대하 소설이라고 할 수가 있다.

---

91) 톨스토이(박형규 역), 『전쟁과 평화』, 동서문화사, 1988, 참조.

여성의 궁극적인 행복은 가정을 위하는 것이라는 것을 주인공 나타샤를 통해 그린 가정 소설이기도 한, 『전쟁과 평화』는 1805년의 제1차 나폴레옹 전쟁 직전부터 1812년의 대 나폴레옹 조국 전쟁, 1825년의 십이월 당원들의 혁명 운동을 낳게 한 자유주의적 사회 기운이 팽배하기 시작한 1820년 까지의 15년 동안에 걸친 러시아 역사의 중요한 시기를 묘사하였다. 여기에는 러시아와 프랑스 양군의 대회전(大會戰), 나폴레옹의 모스크바 점령, 원인 모를 모스크바의 대화재, 프랑스군의 퇴각 등이 묘사되어 있다. 그러므로 이 작품에는 모두 오백오십 구 명이 등장하고 있다. 그러한 등장 인물들 중에는 인간 권력의 최고 위에 서 있던 알렉산드로 1세와 나폴레옹, 민중의 목소리에 귀기울인 꾸뚜조프… 등의 실존 인물도 나온다.

이 작품에 나타난 톨스토이의 사관(史觀)은 아주 독자적이고 주관적이다. 그에 의하면 역사상의 커다란 사건은 모두 눈에 띄지 않는, 포착할 수 없는 힘에 지배된다는 것이다.

신을 믿는 자는 이것을 섭리라고 하고, 신을 믿지 않는 자는 역사상의 법칙이라고 한다. 그러므로 인간들은 모두 이 포착할 수 없는 힘에 종속된 맹목적인 기계에 지나지 않는다.

그리하여 톨스토이는 분명히 개인의 힘으로는 도저히 역사의 운명을 좌우할 수 없음을 말하고 있다. 위대한 영웅인 나폴레옹도 영원한 진리의 법칙 앞에서는 무가치해진다. 그러나 그는 영원한 법칙 앞에 순종하여 민중의 목소리에 귀 기울이는 사람은 위대해진다고도 보았다.

우리는 그의 작품에서 역사의 참된 원동력은 개인이 아니며, 통치자에게 참된 지도력을 고무하기 보다는 자신들의 몽매한 복종만을 덕으로 여기는 민중의 무자각한 집단 정신임을 깨닫는다. 그는 이 집단 정신의 본능적인 작용에 그의 전(全) 역사 철학의 기초를 두고 있는 것이다. 이것은 결국 역사적 숙명론의 일종일 것이다.

톨스토이에게 있어서는 위인이라든가 영웅이 역사적인 사건에 있어서 그리 큰 의의를 가지지 않는 것이다. 다시 말해 역사적 대사건들은 한 인간의 의지에 그 원인을 돌릴 수는 없는 것이다.

우연은 상황을 만들고 천재는 그것을 이용하였다고 보는 것이 역사가들의 입장이라 할 수 있다. 그러나 톨스토이에 의하면 우연이니 천재니 하는 말은 실재하는 것을 표현하고 있는 것이 아니기 때문에 정의를 내릴 수 없는 것이다. 이 말들은 단지 현상에 대한 이해의 한 단계를 의미하는 것에 불과하기 때문이다.

톨스토이가 주장한 바대로, 역사상 사건의 제 원인은 우리들 지식으로는 도저히 탐구될 수 없는 것일까? 이것은 우리가 계속 인간 행위의 법칙과 역사의 문제를 다루게 하는 동기가 될 것이다.

◈ 생각할 문제 ◈

☞ 톨스토이가 말한 것처럼 권력이란 우리들이 의미를 파악할 수 없는 말인가?

☞ 역사는 인간이 만들어 가는 것인가, 아니면 역사에 의해서 인간이 영향을 받는가?

마르크스, 엥겔스의 역사적 결정론에 의하면, 나폴레옹이 그 시대에 없었다면 다른 사람이 그 자리를 채웠을 것이라고 보는 입장이다. 이 점을 생각해 보자.

☞ 역사의 주체는 민중인가, 위대한 지도자인가?

☞ 카아(E. H. Carr)는 '역사란 과거와 현재의 대화'라고 하면서, 역사는 역사가의 해석이라고 밝힌다. 이에 반해 칼 포퍼(1902~1994)는 '실제로 일어났던 것과 꼭 같은 과거'의 역사란 없기 때문에 역사가 자체로 의미를 가지고 있지는 않지만, 우리가 역사의 의미를 부여할 수 있다고 한다. 이 입장들을 생각해 보자.

34. 『멋진 신세계』와 인간복제

『멋진 신세계』(1932)를 저술한 올더스 헉슬리는 영국이 낳은 현대작가 중 가장 뛰어난 작가의 한 사람이다. 그의 조부는 저명한 동물학자 T. H. 헉슬리이고, 그의 형은 생물학자이며 심리학자인 J. S. 헉슬리이다. 미래 인류 사회를 예언한 『멋진 신세계』의 주제는 극도로 발달한 기계문명과 과학의 결과 앞에서 노예로 전락하여 마침내 인간성과 가치를 상실한 인간사회의 비극의 묘사이다.

『멋진 신세계』는 25세기의 인간들이 어떻게 살아 가는가를 공상과학적으로 그려준 인간적인 차원의 문제 작품이다.

세계는 런던 중앙 인공부화·조건 반사 연구소에 있는 실권자 10여명에 의하여 통치된다. 인공부화장치는

96쌍을 한꺼번에 양산하는 기계로 태아 때부터 알파, 베타, 감마, 델타, 엡실런의 5등급으로 구분되어 길러진다.

신세계에서는 태어나서부터 모든 통제와 간섭 속에서 일생을 살아야 하고, 자유라는 개념과 가난, 질병, 고통, 이상, 소원, 개성이 사라진다. 이 시대는 모두가 인공수정된 까닭에 어머니가 없다. 가정이란 개념도 없어졌기에 한 남녀가 장시간 사랑을 나눈다는 것은 '불순 용의자'로 주목받는다. 자유로운 성관계는 신세계의 기본 도덕률로서 알파 플러스 계급의 한 교수는 넉달동안 640명의 여성과 관계를 맺는다. 고민이 있으면 알약을 먹어 거뜬히 해결된다.

이러한 신세계에서 버나드 막스라는 남성과 레니나라는 여성은 인공수정 때 알콜이 너무 많이 들어가 이단자로 태어나 자기 주장들을 하고 싶어한다. 레니나는 알파 플러스 계급의 건강하고 관능적인 여성인데 어느날 버나드와 뉴멕시코 근교의 야만인 마을을 구경 갔다가 그 곳에서 백인 존을 발견한다. 그들은 존을 문명사회로 데려오나 존은 적응하지 못한다. 존은 레니나에게 애정을 고백하나 문명사회에서는 결혼의 풍속이 사라졌기 때문에 레니나는 그 의미를 전혀 모른다. 존은 문명세계에 환멸을 느끼고, 폭동을 유발하나 실패한다. 최고 통치자 본드는 그를 징계하고, 그는 압박감 때문에 자살하고 만다.

과연 헉슬리의 예언대로 이러한 신세계는 실현될 것인가? 20세기의 현대 인류는 양, 젖소, 원숭이 등을 복제시켰다. 이러한 시점에서 헉슬리의 묘사처럼 인류가 과연 동일한 인간을 수백, 수천 명 씩 대량 생산해 내는 이른바 보카노프스키 식의 인간복제를 하는 시대가 올 것인가?

21세기의 시초에서 많은 종교단체와 윤리단체가 비자연적이고 몰개성적인 인간복제를 반대한다. 인간복제는 일찍이 과학자들 사이에 성인의 체세포로부터 인간의 배아를 복제하는 것은 불가능하다는 견해가 지배적이던 시기부터 찬반이 대립되어 왔다. 인간복제의 윤리적 문제가 본격적으로 대두된 것은 데이비드 로비크의 『복제인간』(In His Image The Cloning of a Man, 1978)에서 복제 기술로 한 아이가 만들어졌다는 충격적인 주장이 제기된 이후였다. 이 작품은 67세의 독신인 한 백만장자가 자신과 똑같은 복제 인간을 만들고 싶어 과학 저널리스트인 저자에게 전화를 걸어온 장면으로 시작한다. 그래서 백만장자의 체세포에서 핵을 추출해 핵이 제거된 난세포와 융합시키는데 성공하고, 이것을 대리모의 자궁에 착상시켜 1976년 12월 미국 캘리포니아의 한 병원에서 최초의 복제 인간이 태어났다는 것이다. 인간은 복제(클론)될 수 있는가? 아니 이 책에서처럼 인간복제가 이미 일어났는지도 모른다. 로비크의『복제 인간』은 출판되자마자 <진실이냐 허구냐>의 논쟁을 불러일으키고 학계, 종교계의 온갖 반박과 비난을 야기했다고 한다.[92] 보편화된 유전공학 기술은 커다란 발전을 이루었지만 이러한 기술의 사람에 대한 응용은 사회적으로 매우 강한 거부감이 투영되는 것은 사실이다. 헉슬리의『멋진 신세계』처럼 복제 인간 국가의 출현이 사람들은 두려운 것이다.

---

92) 데이비드 로비크(박상철 역), 복제인간, 사이언스북스, 1997, 역자후기 p.268. 참조

◈ 생각할 문제 ◈

☞ 인간복제 기술은 장기 이식 환자들에게는 많은 이점을 준다. 인간복제는 허용할 것인가? 아니면 인간의 생명을 저버리는 결과를 발생시키기 때문에 반대 할 것인가? 한번 논의해 보자.

35. 『주역』과 사이버네틱스

1. 우리는 과학과 철학의 만남을 시도해 볼 수 있다. 그러기 위해서는 그러한 시도가 어떻게 가능한가를 현대의 과학의 한 방법론을 통해서 살펴 볼 필요가 있다. 이 글에서는 3론, 즉 시스템 이론, 사이버네틱스, 정보이론 가운데 사이버네틱스[93]를 응용하여 중국사상의 원천인『주역』(周易)과 더 나아가서 유기체인 인체까지도 해석하려고 한다.

생물 유기체는 계속 순환 운동을 하면서 그 기능을 발휘한다. 따라서 유기체적 견해란 모든 것을 전체의 입장에서 시스템적으로 보고 부단히 변화하는 역동적인

---

[93] cybernetics. 희랍어인 '지배'에서 온 말. 기계나 살아있는 유기체 내의 통제와 자체 규율(제어)을 연구하는 것. 즉 인간을 자동인형이나 사이보그로 볼 가능성을 열어주는 계기.

것으로 보는 견해를 말한다.

우주를 하나의 거대한 유기체로 볼 때 그 안에는 무수한 수준의 유기체적 기관이 들어 있다. 각기 수준이 다른 유기체들은 다른 유기체들과 상호 작용하면서 신진대사를 하는 등 부단한 창조활동을 한다. 이러한 수준들의 구조의 예를 인간 세계에서 살펴보자. 인체는 각 기관으로 구성되어 있고, 각 기관은 조직으로, 조직은 세포로 되어 있다. 이러한 관계는 계속 이어진다. 결국 인간은 전 우주와 함께 상호 작용하면서 존재한다.

이러한 유기체적, 전체적 시각과 관계되는 것은 시스템론적 시각이다. 시스템적 관점이란 무엇인가? 그것은 어떤 사물에 대해 관찰할 때 총체적인 시각에서 바라보고자 하는 태도이며, 따라서 우리의 사유 대상이 되는 것들은 모두 시스템적 성격을 갖고 있다고 말할 수 있다. 그러므로 이러한 방법론은 오늘의 과학기술의 시대에 또 하나의 시각으로 새로이 대두되는 방법론이다.

시스템 이론에 의하면 사물은 서로 유기적으로 연관되어 있으며, 상호간에 에너지·물질·정보의 교류가 이루어지고 있다는 것이다. 이 시스템 이론은 상위 시스템과 하위 시스템이 있는데, 상위 시스템은 몇 개의 하위 시스템들로 구성된다. 그런데 시스템 사이에 긴밀한 관계가 있다는 말은 다시 말해서 물질이나 에너지의 교류가 있거나 정보의 통신이 이루어진다는 것을 뜻하는 것이다. 이것과 견주어 볼 때 통신과 제어가 가장 잘 실현된 경우의 예가 바로 생물이라는 유기체이다. 동물의 몸과 마찬가지로 인체는 완벽한 통일체이다. 인체의 예를 들면, 음식이 위장에 저장되는 즉시 소화를 위해서 쓸개즙이 나올 것이고, 이는 소화기 시스템과 내분비 시스템 사이에 긴밀한 통신과 제어가 작동하고 있는 것이다. 이렇게 상호 관련된 시스템 사이의 통신과 제어를 연구하는 것이 사이버네틱스이며, 통신의 기술적인 측면을 담당하는 분야가 정보이론이다. 이러한 시스템 이론이나 사이버네틱스 관점은 우리가 인간과 자연을 전체론적 시각에서 다루도록 요구한다. 그렇다면 이것은 어떻게 관련될까?

생물 유기체의 메커니즘에 대한 연구에 영향을 받았다고 볼 수 있는 사이버네틱스에서는 평형(平衡)을 매우 중요시한다. 이것은 한의학에서 질병은 '음양이 조화를 잃은 것'이라 하여 인체 시스템의 조화와 평형을 통하여 건강을 찾고자 하는 입장과 일맥 상통한다. 또한 이것은 주역에서 '강유(剛柔)의 중정(中正)'을 추구하는 사유와 기본적으로 통하고, 역의 세계관이나 한의학적 인간관에는 '中'이나 '平'의 관념이 기초되어 있는데, 이것 또한 사이버네틱스의 '평형'이나 '항상성'의 개념과 일치하는 것이다. 이러한 시도는 현대적 해석을 기점으로 物을 통해 정신사의 탐구를 시도해 보려는 작업이 될 것이다. 우선 현대적 용어인 '사이버네틱스'에 대해 알아보자.

2. 현대과학이 획득한 커다란 업적인 사이버네틱스는 '관리자'를 의미한다. 사이버네틱스는 기계와 대뇌 그리고 사회구조 사이에 공통성 혹은 공통 언어가 있다고 보며, 그 공통 언어 혹은 공통규칙들을 연구한다. 그래서 그 주된 연구는 시스템의 정보 및 제어 과정이다. 위너(Wiener 1894~1964)가 "사이버네틱스는 동물과 기계에서 제어와 통신을 연구하는 과학이다"[94]라고 말하였듯이, 동물이거나 기계의 시스템에서 그들의 공통적 특징은 정보의 변환 과정과 피드백(feedback)이라는 것이다. 피드백은 무엇인가?

피드백은 사이버네틱스의 중심 원리이다. 피드백은 제어 시스템이 정보를 보내고 다시 그 작용 결과가 되

---

94) 김관도 · 유청봉 엮음(김수중 외 2인 역), 『중국문화의 시스템론적 해석』, 천지, 1994, p.249.

돌아와 정보를 새로이 보내는데 영향을 주어서 일정한 제어 작용을 수행하는 과정을 말한다.[95] 그 현상은 어떠한 것인가? 유기체의 시스템은 환경의 변화에 여러 방법으로 적용하는 원상태로 돌아가려는 경향이 있으며, 이 때에 피드백이 균형상태를 유지시켜 준다. 이때 부(負)피드백이 고등 유기체의 체온, 혈압, 기타의 많은 중요한 신체적 상태가 환경에 변할 때에도 비교적 일정하게 유지되게 하는 것이다.

가장 기초가 되는 이러한 피드백 원리에 이어 사이버네틱스에는 안정성 이론이 있다. 어떤 대상을 제어한다는 것은 그 대상이 목표에 이르러 안정되게 하는 일이다. 이러한 시스템의 안정성은 일정한 시간 동안 불변하므로 '항상성'이라고도 부른다. 그러므로 항상성 유지는 장기간 생물 유기체들의 정체성(identity)을 유지시켜 준다.

일반 시스템 이론의 창시자 베르탈란피(Bertalanffy)는 구조와 기능에 대해서 말했는데, 시스템의 구조가 시스템 내부 각 요소들의 상호작용 질서를 보여준다고 한다면, 시스템의 기능은 시스템이 외계에 대하여 작용하는 과정의 질서를 보여준다고 생각하였다. 또한 어떤 시스

---

95) 같은 책, p.250.

템들은 일정한 구조를 공유하고 있다고 보았다. 이것을 동형구조라 하는데, 이것 또한 사이버네틱스의 주요 관점이다. 예를 들어보자.

하루에 밤과 낮이 있는 것은 1년에 겨울과 여름이 있는 것과 구조가 같으며 우리는 그것을 음·양으로 볼 수 있다. 이러한 사유는 동양적 세계관이며, 『주역』은 자연이나 인간의 교감을 64가지 괘, 즉 64가지의 패턴이나 하위 시스템들로 분류한다. 전통 문화에서 오행(五行)관념은 인간과 자연의 무수히 많은 범주들에 적용되었는데 그것이 바로 동형 구조의 한 전형이다. 이러한 방법을 확대시켜서 전통 한의학에서는 오장을 중심으로 인체 시스템을 설명한다든가, 연결선인 12경락을 중심으로 해서 인체 구조를 이해하는 방법 등이 널리 체계화 되었다.

그 밖에 사이버네틱스의 주요한 관점인 흑상 이론이 있다. 흑상(黑箱, black box)이란 그 내부 구조를 임시적으로 직접 관찰할 수 없고 단지 외부에서만 인식할 수 있는 시스템을 말한다. 이러한 흑상개념은 상대적이고 때로는 한 시스템에 대한 입력과 출력만 보고 그 시스템의 내부구조나 상태는 고려할 필요가 없는 경우가 있다.96) 예를 들면 해부학을 거의 사용하지 않으면서 인체

를 진단하고 치료하는 한의학적 방법은 흑상이론이 적
용된 전형적 예이다. 그러면 사이버네틱스를 응용하여
주역을 해석하여 보자.

　3. 중국 문화의 주요한 뿌리이면서 모든 고대 철학의
출발점인 『주역』97)은 동북 아시아에서 어느 시대 어느
곳을 막론하고 모든 경전의 으뜸이라 할 수 있다. 『주
역』은 본래 점서로 형성되었다가 후에 철학적인 해석이
가해지면서 체계적인 형이상학이 되었다.

　이때 '역'(易)98)은 어떻게 규정되고 있는가? 그것은
일월이 바뀌고 교체한다는 바꿀 '역'자이다. 또한 공자
는 '역'이란 천하의 도리를 간직하고 있는 것이라고 하
였다. 이러한 인식은 '역'속에 있는 철학적 이치가 자연
의 도(道)임을 나타내는 것이다. 풀어서 말하자면 만물
은 천지음양의 기가 밀접하게 섞임으로서 생성된다는
것이다. 그러나 '역'의 진리는 모두 인간에 의해 구현된
다.

---

96) 김관도, 앞의 책, p.254.
97) 문왕·주공의 역과 공자의 역은 모두 주대에 이루어진 것이다. 이기석 역
　　주, 『신역 주역』, 서문당, 1975, 참조
98) 역은 보통 '주역'이라 하고 이름 높여 '역경'이라고 한다. 음양 팔괘를 기본
　　으로 해서 이루어진 64괘를 기초로 한다. 천지의 현상을 64괘 안에 포함시키
　　는데, 이 64괘의 움직임은 삶의 역동성을 드러낸다.

‘역경’(易經)의 체계가, 최근까지 동양인의 마음에 계속 영향을 주고 있다는 것은 사실이다. 서양의 학자들은 이러한 경향이 중국의 진정한 과학의 진보에 걸림돌이 될 것이라 보았으나, 오행설이나 음양설은 중국의 과학 사상의 전개에 유해하기 보다는 오히려 유리하다고 보는 것이 타당할 것이다. 어떻게 그것이 가능한가?

‘역경’에 따르면 이 세상에 나타나는 모든 현상은 양과 음, 강(剛)과 유(柔)의 상호작용과 반작용에 의한 상황의 교체일 따름이다. 강유, 음양을 가지고 모든 것을 풀이하는 ‘역’에서 추구되는 목표는 ‘중도’이었다. 이러한 주역의 도덕적 이상인 ‘中’은 사이버네틱스의 ‘평형’과 비유된다. 왜냐하면 사이버네틱스의 제어와 통신은 일종의 관리술이라 할 수 있고, 어떻게 정보를 입수하여 필요한 조치를 취할 것인가를 연구하기 때문에 현대의 역동적 평형의 개념과 흡사하다고 볼 수 있다. 그러므로 주역은 자연 자체를 음양의 ‘조화’와 ‘역동적인 평형’으로 파악한 것이다.[99]

주역에서는 현상을 통해서 본체를 알 수 있다는 믿음이 있고, 이것은 동형구조의 원리에 의해 한의학의 장상론(臟象論)과 유사하다.[100] 그러면 한의학을 통한 인체

---

99) 곽신환, 『주역의 이해』, 서광사, 1990, p.139.

이해와 현대 과학 기술의 방법은 어떠한 관계가 있는가?

과학기술의 방법인 사이버네틱스의 입장에서 말하자면, 세계는 복잡한 시스템이지만 우리가 결코 알 수 없는 것은 아니다. 이 시스템을 이해하기 위한 방법이 바로 흑상이론이었다. 보이는 부분을 통해서 보이지 않는 부분을 알아내는 것이다. 즉 현상을 통해 본질에 파악되는 것이다. 그러면 인체는 이 현대적 기법과 어떻게 관련될 수 있는가?

4. 현대는 과학과 철학의 접목을 시도하고 있으며, 과학의 한 영역인 물리학에서의 소립자의 세계는 직선적 사고 패러다임에서 순환적 사고로 진행하고 있다.

그런데 순환논리(circular logic) 회로를 갖는 시스템이 각광을 받은 것은 사이버네틱스 이론이고, 이 이론은 생명체 등의 연구에 두루 적용되는 이론이다.

그러므로 시스템적 견해는 세계를 관계와 통합의 견지에서 보는 것에 바탕을 두고 있다. 시스템이라는 것은 통합된 전체이며, 시스템적 접근은 기본적인 구성체나 구성 요소를 집중적으로 다루는 대신, 조직체의 기본적인 원리를 강조한다. 시스템의 예는 자연 속에 널려 있

---

100) 같은 책, p.141.

다. 박테리아로부터 광범위한 식물과 동물을 거쳐 인간에 이르기까지의 모든 유기체는 그 하나 하나가 통합된 전체이며, 그래서 살아 있는 시스템들인 것이다. 세포는 살아 있는 시스템이며, 육체의 여러 가지 조직과 기관도 그러하며, 가장 복잡한 예로서의 인간 두뇌도 그러하다. 그러나 시스템은 개별적인 유기체나 그 부분에만 국한되어 있는 것이 아니다. 개미탑, 벌집, 또는 인간 가족과 같은 사회제도 그리고 다양한 유기체와 무생물질로 이루어져 상호 작용하는 생태계에도 그와 동일한 전체성이 표현되는 것이다. 야생 지역에 보존되어 있는 것은 개개의 나무나 유기체가 아니라 그 복잡한 그들 사이의 관계의 그물인 것이다.

이 모든 자연적 시스템은 그 부분들 사이의 상호 작용과 상호 의존으로부터 그 독특한 구조가 생기는 전체적인 것이다. 시스템의 활동은 그 많은 구성 요소 간에 동시적이며 서로 의존하는 상호작용인 거래라고 알려진 과정을 내포한다.[101]

그러므로 시스템적 사고는 과정의 사고이고, 우리 인체도 몇 개의 기관으로 구성된 기관 시스템을 갖고 있

---

101) F. 카프라(이성범 외 역), 『새로운 과학과 문명의 전환』, 범양사, 1985, pp. 251~252.

으며, 각 기관은 조직으로 구성되어 졌고, 각 조직은 세포로 만들어 졌다. 이러한 시스템 수준 간의 관계는 간단하게 '시스템 나무'(system tree)로 표현될 수 있다.

진짜 나무에서와 같이 모든 시스템 수준에서 상호 연결과 상호 의존이 있으며, 각 수준은 그 전체의 환경과 상호 작용한다. 이 시스템 나무의 줄기는 개개의 유기체가 더 큰 사회적, 생태적 시스템과 연결되어 있음을 시사하고, 그 사회적 생태적 시스템도 역시 같은 나무구조를 갖는다.[102] 즉 시스템은 각각의 수준에서 개별적 유기체를 형성한다.

그러면 사이버네틱스를 통해 본 한의학의 현대적 이해를 살펴보자. 일반적으로 우리는 질병은 신체 내부의 암흑 속에서는 시체의 부검의 형태로, 살아 있는 인간에게서는 해부를 통해 드러난다는 것을 알고 있다. 서양에서는 18세기에 시체 해부가 모든 사람들에게 공인되었으나, 이러한 서양의학의 일반적인 체계와는 근본적으로 다른 한의학의 체계에서 사이버네틱스라는 방법론을 시도해 보고자 한다.

모든 육체 위에서 벌어지는 변화들은 원인은 아니더라도 적어도 질병의 자리나 성격을 규정해내고 있다.[103]

---

102) 같은 책, p.265.

인체 자체가 질병을 판독하는 길이다. 그러므로 중국의학에서는 신체 자체가 지리학적이라 할 수 있다.

앞에서도 서술했듯이, 한의학은 진찰에 있어서 장부(臟腑)와 음양, 경락, 사기(邪氣)를 본다. 한의학은 흑상을 열지 않고 인체를 조절하고 제어하는 의학의 이론체계이며 증후에 따라 치료하는 것이다. 사이버네틱스의 흑상이론도 대상시스템 전체의 연관 속에서 대상을 인식하고, 개조하는 종합의 방법을 사용하며, 이른바 흑상을 열지 않고 시스템을 연구하는 방법이다. 바로 이러한 점에서 인체와 사이버네틱스 이론은 연결되는 것이다.

인체라는 흑상은 춘추전국시대에 『황제내경』[104]이 나타나면서 독특한 변증치료의 체계를 건립해 갔다. 이 『내경』은 인체의 구성, 질병의 발생원인, 보건양생 등등을 기(氣)를 중심으로 해석하였다. 기는 음양이기도 하다.

온 우주의 특수한 구성부분이리고도 할 수 있는 인체는 정상적인 상태에 있을 때 (음양) 평형의 안정상태에 있게 된다. 이때 음양변증은 바로 흑상을 제어하는 방법인 부피드백 조절과 같은 것이다. 그러므로 조절의 원리

---

103) 미셸푸꼬(홍성민 역), 『임상의학의 탄생』, 1993, pp.231~232.
104) 약 5천년 전에 쓰여졌고, 인간의 신체 변화를 나이별, 성별로 알기 쉽게 설명한 책.

는 음양을 조절하여 균형을 추구함이다. 사이버네틱스의 언어로 이해한다면 '음양'은 '+', '−'의 목표차인 것이다.

사이버네틱스 관점 중 흑상이론에서 복잡한 시스템을 제어하는 중요한 방법의 하나는 시스템에 대한 입력·출력의 연구를 통해 시스템의 내부구조를 추측하고 효과적인 제어를 위하여 대상 시스템과 동일한 구조를 갖는 모형을 세우는 것이다.[105)

이러한 모형을 한의학은 장상(臟象) 학설을 중심으로 세웠다. 증상변수라 할 수 있는 상(象)이란 밖으로 드러난 것이고, 장(臟)이란 숨어 있는 어떤 것이다. 이렇게 인체는 시스템화될 수 있는 것이다.

사람들은 인체의 생리 병리 법칙들에 근거하여 인체라는 흑상에서 심장(心), 비(脾), 폐(肺), 신장(腎), 간(肝)의 오장의 하위 시스템을 분류하고, 상변수로부터 각 하위 시스템의 장변수를 추론해 냈다. 밖에서 안을 비춰보아 사람의 장부를 보는 것이라 할 수 있다. 인간의 한 발생 이론에 의하면 오장이 갖추어진 연후에 육체가 생겨난다고도 했다. 그러므로 오장은 인체 탐구의 주요 기본 요소가 아니겠는가?

---

105) 김관도, 앞의 책, p.224. 참조

한의학에서는 장(臟)과 부(腑)를 우리 몸의 주요기관으로 잡고, 이들의 오행적 상호작용과 조화 균형을 건강의 기본으로 본다. 목, 화, 토, 금, 수의 오행체계는 순환체계를 형성하고 있다. 그들은 목생화(木生火), 화생토(火生土), 토생금(土生金), 금생수(金生水), 수생목(水生木)의 상생관계와 목극토(木克土), 토극수(土克水), 수극화(水克火), 화극금(火克金), 금극목(金克木)의 상극관계를 이루고 있다.

이러한 오행사상은 한의학의 상호 피드백의 자동·제어 관계를 순서적인 상생상극(相生相克)[106] 관계로 해석하게 하는데 영향을 주었다. 즉 신장의 정기가 간을 보양하고, 간의 혈은 심장으로 가며, 심장의 열은 비장을 따뜻하게 하고, 비장은 수곡(水穀)의 미세한 기운을 폐로 보내며, 폐는 맑고 깨끗하게 하는 기능으로 내려가 신장을 돕는다라고 할 수 있다.[107] 이러한 오장들은 경락이라는 연결선을 통하여 상변수로 나타난다. 상변수에 대한 장기적인 연구를 통해 형성된 인체 흑상에 대한 구조적 모형에서 장부들이 여러 피드백 회로를 통해 형성하여 상대적인 안정성을 유지하는 메카니즘은 사이

---

106) 克≒剋(극)
107) 김관도, 앞의 책, p.228. 참조.

버네틱스의 내안정기와 극히 유사하다고 할 수 있다. 항상성을 유지시키는 장치인 내안정기는 '초안정 시스템'이라고도 한다.

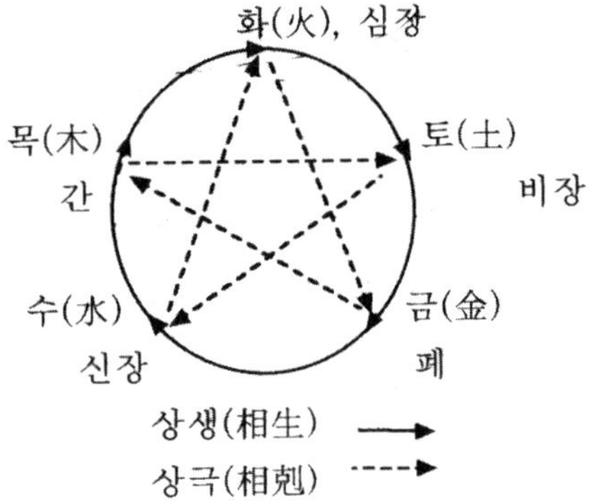

오행사상을 이용한 장변수 해석을 시도해 보면, '목극토'에서 木이 너무 강하면 土를 이긴다는 것을, 즉 간의 기운이 지나치면 오히려 비장을 해친다는 것을 유추해 볼 수 있다. 또한 위의 그림에서 '비장이 허하면 水를 제어할 수 없다'는 사실도 이끌어 낼 수 있다. 이러한 관점들은 자연을 관념적으로 이해하게 하는 입장이고, 또한 복잡한 인체를 단순화·체계화시켜서 이해하는 것을 도와준다고 볼 수 있다.

5. 이제까지 주역 사상과 인체 이해를 현대과학적 방법으로 접목시켜 보았다. 주역과 한의학 그리고 사이버네틱스가 근본 성격에서 상통할 수 있는 것은 그것들 모두가 유기체적 세계관과 연관되어 있기 때문인 것이다.

주역의 도덕 이상인 '중(中)'의 사상은 사이버네틱스의 평형이나 항상성의 개념과 극히 유사했고, 인체의 각 계통과 기관은 자연계의 오행의 기와 서로 관계를 가지며, 그 기능은 오행의 제어 특성과 유사함을 알 수 있었다. 자연계의 오행은 상생상극하는 관계에 있으며, 만물 또한 낳고 이기며 제어하고 변화시키는 총체적 관계 속에 있다고 볼 수 있다. 이러한 관계와 상응해서 인체 속 오장의 생리활동 역시 서로 기르거나 억제하여 상호관계를 갖는 유기적 총체를 이루어 생명의 정상적 활동을 유지할 수 있는 것이다.[108]

또한 인체라는 혹상을 열기 않는 연구의 제어방법을 사용한 한의학과 사이버네틱스라는 두 부문의 학문이 공통으로 갖고 있는 방법론은 새로운 과학기술의 조건 아래서 두 학문이 상호 침투할 수 있다는 사실을 보여주고 있다. 앞으로 이러한 과학과 철학의 만남은 여러

---

108) 張立文(김교빈 외, 역), 『기의 철학(上)』, p.109. 참조

방면에서 발전되고 연구되어야할 영역이 아닌가 한다. 이런 관점들에 비추어볼 때, 우리가 이제마의『사상의 학』을 기초로 하여 우리의 종래의 체질 분류를 의미있는 결과로 이어갈 수 있도록 연구, 노력해 보는 것은 큰 의의가 있으리라 생각된다. 심신 균형을 바탕으로 하는 체질에 대한 우리 고유의 학적 정립도 동양의학 속에서 현대과학 기술을 응용하여 발전시켜야 하는 과제로 남아 있다고 생각된다.

◈ 생각할 문제 ◈

☞ 손과 발이 인간신체의 건강 상태를 간단히 대변해 준다고
보아서 수지침이나 압봉이 유행하고 있는데 이것은 과학적 근거
확립과 발전을 진행시킬 수 있다고 보는가? 있다면 그 방법 모색
은 어떤 것들인가?

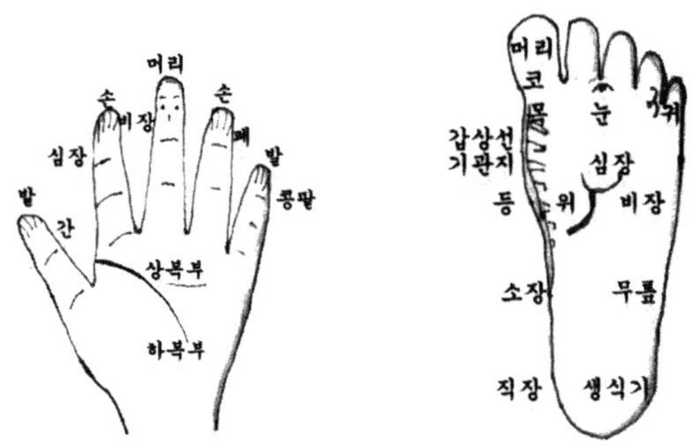

☞ 현대 철학은 어떤 방향을 모색해야 하는가?

철학과 삶

값 7,900원

2000년 3월 7일 초판 1쇄 발행
2005년 9월 10일 초판 6쇄 발행

지은이 김향선
펴낸이 이찬규
펴낸곳 **선학사**
등록번호 제10-1519호
주소 121-802 서울시 마포구 공덕2동 173-51
전화 02-704-7840
팩스 02-704-7848
이메일 sunhaksa@korea.com
홈페이지 www.ibookorea.com

ISBN 89-8072-079-3 03100